I0838769

MANIFIESTO DEL MOVIMIENTO VASCO DE RESISTENCIA Y SALVACIÓN NACIONAL

Escudo del Reino de Nabarra, tallado en el arco del pórtico trasero de la Iglesia de Arano, merindad de Iruña, posiblemente en el siglo XVI. Es probablemente uno de los relieves de este escudo más antiguos que se conservan en todo el Territorio Vasco.

MANIFIESTO
DEL MOVIMIENTO VASCO DE RESISTENCIA Y SALVACIÓN NACIONAL

Felipe Campo

ISBN: 9798819154618

Colaboración : Joanne Iroz
Edición: 2022
Diseño y maquetación: AO

Con profundo agradecimiento para todos quienes han ayudado en la publicación de este texto.

El autor

INDICE

PREFACIO

El Pueblo Vasco y su Estado, el Reino de Nabarra, están sometidos desde hace siglos bajo la dominación imperialista – tanto monárquica como republicana – de los Estados de España y de Francia: que los niegan en la teoría y en la práctica como tales y en pie de igualdad con los otros Pueblos y Estados del mundo, y por tanto como titulares de sus originarios, fundamentales, imprescriptibles e inalienables derechos internacionales de autodeterminación o independencia, y de seguridad e integridad. El desafío que esto nos plantea a los Vascos en la actualidad es crucial y de una urgencia sin precedentes, puesto que dicha situación compromete la continuidad de nuestra existencia como Pueblo, dado el acelerado proceso de destrucción y asimilación totalitarias que la actual crisis del "orden" y el desorden internacional: producto de la integración del imperialismo en un sistema planetario de dominación, ha instaurado en el mundo. Las constantes crisis que ello provoca, sacuden cada día con efectos devastadores a los Pueblos que aún siguen sojuzgados y sin un Estado propio operativo con el que hacerles frente.

Ahora bien, para los pequeños Estados militarmente ocupados-negados y los Pueblos sojuzgados: como es nuestro caso, la victoria por desarme o destrucción del enemigo es imposible. En tal situación, únicamente mediante la Resistencia Nacional pueden esos Pueblos conseguir la victoria de su liberación. Para ellos, sólo hay un medio de escapar al funesto destino que las Naciones dominantes les tienen reservado y que tan bien saben; aunque las dominadas no siempre lo saben o quieren saberlo. Este medio es la cualificación estratégica y la integración general de los recursos de su base social en una política coherente de Resistencia democrática y Salvación Nacional, así como la construcción o restauración de sus propias Instituciones estatales. Es decir: institucionalización estatal, y cualificación e implementación estratégicas: consecuentes y unánimes en torno a la Autodeterminación o Independencia Nacional, y con total rechazo a toda integración en las instituciones del imperialismo, son la única alternativa posible a la sumisión y el genocidio.

Sin embargo, tras haber mantenido una secular Resistencia al imperialismo franco-español, el Pueblo Vasco se encuentra actualmente bloqueado, aturdido y extraviado, como resultado de la incapacidad, la corrupción y finalmente la traición de su pretendida clase política: la burocracia Pnv-Eta junto con sus satélites y organizaciones subsidiarias. Son estos agentes indígenas: colaboracionistas necesarios al servicio del imperialismo, quienes abierta y formalmente están reconociendo desde 1977-9 hasta el día de hoy – tras haberlo hecho el Pnv de forma tácita y clandestina desde 1962 – el régimen español del Segundo Franquismo (imperialista, colonialista y fascista de ocupación militar sobre el Pueblo Vasco y su Estado) como no-violento, legítimo y democrático; y los Estados ocupantes extranjeros como "los Estados" propios, legítimos etc. Todo ello, mientras niegan la continuidad y vigencia del Reino de Nabarra como nuestro legítimo, propio y único Estado histórico.

El anhelo actual de dignidad y libertad humana es el desafío central que el despertar político de los Pueblos le plantea al imperialismo. Así pues, frente a la grave crisis – intelectual, moral, ideológica y político-estratégica – que todo ello le plantea, el Pueblo Vasco debe hacer acopio de toda su dignidad, de todos sus recursos materiales y morales, y de una lucidez y determinación sin fallas en la apreciación y respuesta frente a esa realidad. Es precisamente el llamamiento a la perseverancia en esas cualidades, y la potenciación de ellas, lo que – sobre la base de las aportaciones hechas por Iñaki Aginaga desde Publicaciones Iparla – esta Declaración y este Manifiesto aspiran a conseguir.

Se trata de una tarea que, tras el fallecimiento de Aginaga en Mayo-2021, el autor de este trabajo se ha visto obligado a asumir: afortunadamente con la inestimable ayuda de quienes han creído en la importancia de ella y han hecho posible su versión en Euskara-Francés-Inglés así como su edición y publicación, frente a la incomprensión, la traición y el abandono de su legado adoptados por parte de quienes fingían ser sus colaboradores. En tales circunstancias, este autor podría, utilizando las mismas palabras de nuestro clásico (aunque con mayor y más justificado motivo que tuvo él cuando resumía con ellas su retórica adulación "al primer capellán de Francia"), decir también: *"Baiña zertako sartzen naiz ni itsas hondar gabe hunetan? Ezin athera naitekeien oihanean?"* Pero ¿para qué me meto yo en este mar sin fondo? ¿En un bosque del que no puedo salir? (Axular; *'Gero'*, 1643.)

Es sólo el amor por nuestro Pueblo y su libertad, y la confianza en obtener la benevolente comprensión de quienes igualmente los aman, los motivos que lo han impulsado a asumir esta difícil y arriesgada tarea que Aginaga por desgracia no quiso o no pudo hacer, o que en cualquier caso él decidió no acometer. Se trata del amor que también a él lo inspiró siempre; y es por ello que el autor desea creer que también él le habría dispensado su comprensión ante este trance. Sólo el tiempo dirá si esta obra ha conseguido su propósito, y si los desvelos y el atrevimiento de su autor estaban justificados.

DECLARACIÓN SOBRE EL IDIOMA, LOS TERRITORIOS, EL ESTADO Y LOS SÍMBOLOS DEL PUEBLO VASCO / EUSKAL HERRIA

Muchos Pueblos de Europa no existían siquiera, cuando el proto-Europeo Pueblo Eúskaro/Euskal Herria llevaba viviendo ya muchos milenios en su refugio peri-Pirenaico; y los dialectos o sub-dialectos oficiales u oficiosos de esos nuevos Pueblos no habían aparecido aún, mientras que desde tiempos inmemoriales vivía el idioma de los Eúskaros: el Euskara, al cual niegan ahora la existencia en "la Europa de la diversidad de sus pueblos y de sus culturas".

Igualmente, muchos Estados de la actual Unión Imperialista Europea no existían cuando se constituyó la confederación de repúblicas, condados y señoríos Vascónicos que englobaba todos sus Territorios históricos, libremente reunidos en torno al Reino de Pamplona: el Estado de los Vascos (o *Vascones*, como los habían llamado los Romanos), y antecesor del Reino de Nabarra. Ni siquiera cuando – según afirmaban los propios panegiristas de la conquista – "los españoles invadieron, subyugaron, confiscaron y conservaron el Reino de Nabarra": ocupado, desmembrado y anexionado mediante la agresión, la guerra, la violencia y el Terrorismo de sus vecinos Europeos y de los cómplices civiles, militares y eclesiásticos de éstos.

El Euskara (o Heuscara, Euskera, Uskara, Üskara...) es el único idioma nacional y propio del Pueblo Vasco/Euskal Herria. La persecución y proscripción del Euskara: "la lengua de los Nabarros" (*'lingua navarrorum'*, según fue designada por sus Monarcas), a manos del Nacionalismo imperialista y el Colonialismo hispano-francés; y los crímenes cometidos para arrancarnos el idioma que constituye nuestro aliento, alma y condición de Pueblo, son un delito de genocidio que jamás será olvidado ni perdonado.

Dialectos del Latín (como eventualmente podría haber sucedido con los del Púnico, si acaso Roma hubiera sido definitivamente derrotada en aquellas Guerras ante todo por Aníbal en el año 216 a. C.; o con los idiomas Germánicos de Francos y Godos), la actual presencia entre nosotros del Francés y el Español: que los agentes del imperialismo llaman – cuando les conviene – "castellano" a fin de camuflar y evitar de ese modo la irreductible e irremediable oposición Español–Euskara, es consecuencia de contingencias históricas ajenas y hostiles al Pueblo Vasco. Es huella de la alienación creada durante siglos a partir de los imprescriptibles e incontables crímenes constitutivos implicados en la agresión, el desmembramiento, la anexión y la colonización contra nuestro Pueblo y su Estado: el Reino de Nabarra. Es resultado de esa empresa imperialista acometida y realizada por los Estados de España y de Francia mediante Terrorismo de guerra y de Estado, y ocupación militar permanente: todo lo cual es su constitución real y primaria; y mediante la promulgación de toda una legislación imperialista aferente: lo cual es su "Constitución" formal y secundaria, nula de pleno derecho, criminalmente impuesta sobre la violenta abolición de nuestras propias y legítimas leyes e instituciones:

"[...] una cosa hállo y sáco por conclusión mui cierta: que siempre la lengua fue compañera del imperio; y de tal manera lo siguió, que junta mente començaron, crecieron y florecieron, y después junta fue la caida de entrambos. [...], el mui reverendo padre Obispo de Ávila me arrebató la respuesta; y respondiendo por mi dixo que después que vuestra alteza metiesse debaxo de su iugo muchos pueblos bárbaros y naciones de peregrinas lenguas, y con el vencimiento, aquellos ternían necessidad de recebir *las leies quel vencedor pone al vencido, y con ellas nuestra lengua,* [...]. I cierto assí es que no sola mente los enemigos de nuestra fe, que tienen la necessidad de saber el lenguaje castellano, mas los *vizcainos, navarros,* franceses, italianos, i todos los otros que tienen algún trato y conversación en españa i necesidad de nuestra lengua, si no vienen desde niños a la deprender por uso, podrán la más aina saber por esta mi obra." Etc. (Antonio de Nebrija; de la dedicatoria de su *'Grammatica Antonii Nebrissensis'* a la reina Isabel I de Castilla; 1492. Énfasis añadido.)

Cuando estas cosas eran publicadas, faltaban aún veinte años para que el Reino de Nabarra fuera agredido una vez más por el imperialismo hispánico: ahora el del "Estado compuesto" (H. G. Koenigsberger) de la Monarquía Hispano-Católica integrada por las Coronas de Aragón y de Castilla. Así pues, en aquellos momentos era política y sociológicamente claro – y, como tal, era públicamente expresado al más alto nivel – algo que hoy en día sigue siendo igualmente claro pero que no es públicamente expresado, ni siquiera por quienes a sí mismos se llaman "nacionalistas vascos", a saber: la afirmación del Pueblo Vasco, de su Lengua el Euskara y de su Estado, el Reino de Nabarra, como distintos y en pie de igualdad con los otros Pueblos, Lenguas y Estados europeos. "Los Vascos no somos Españoles ni Franceses; los Españoles y los Franceses no son Vascos."

La recuperación plena de nuestro idioma nacional: derecho irrenunciable de todo ciudadano, es un objetivo primordial de nuestro Estado; una meta cuyo logro requiere tanto de recursos materiales, flexibilidad y comprensión (dada la difícil situación de la que partimos), así como del sincero compromiso que se espera de quienes deben hacer el loable esfuerzo de aprenderlo y usarlo, pero que sólo podrá conseguirse de forma universal a partir de la restauración de nuestra independencia nacional y estatal. El pretendido e imposible "bilingüismo" que se nos ofrece: basado en el sometimiento nacional/estatal de nuestro Pueblo, no impide sino que supone la humillación y entraña la liquidación de la Lengua "enseñada". "La enseñanza" de estas Lenguas, y otras medidas similares, están destinadas a engañar y recuperar a los Pueblos sojuzgados. "La misión de la Educación Nacional es acabar con las lenguas regionales." "Nuestra misión es ayudar a las lenguas minoritarias a morir dulcemente." (A. Morvan.)

Las Lenguas son siempre nacionales, o no subsisten. Las lenguas "secundarias, minoritarias, locales o regionales": eso no existe y no puede existir; no más que sus culturas y sus Pueblos, de los que aquéllas son inseparables. El imperialismo lo sabe, a veces incluso lo dice; pero sus víctimas no siempre se dan cuenta de ello. Como bien dolorosamente hemos comprobado a lo largo de la Historia, en el ecosistema imperialista de España y de Francia no hay ni puede haber lugar para el Pueblo Vasco ni para el Euskara.

Por lo demás, está claro que, dados – por un lado – los hándicaps idiomáticos creados a nuestro Estado como resultado de la imposición del Español y el Francés, y – por otro – las exigencias de inter-comunicación que nos impone el mundo actual, la operatividad de nuestro Estado nos plantea la necesidad ineludible de adoptar una única *lingua franca* funcional de acuerdo a criterios de eficacia y utilidad, la cual nos permita la conexión con las áreas de desarrollo democrático de nuestro entorno; si bien manteniendo y cultivando siempre con tesón nuestra esencia: nuestros propios idioma y cultura euskéricos.

"El derecho de los pueblos y las naciones a la autodeterminación. A – *Por cuanto* el derecho de los pueblos y de las naciones a la autodeterminación es condición indispensable [*'a prerequisite'*] para el pleno disfrute de todos los derechos humanos fundamentales, [...], *Por cuanto* los Miembros de las Naciones Unidas, con arreglo a las disposiciones de la Carta, deben respetar el mantenimiento del derecho de libre determinación en otros Estados, *La Asamblea General recomienda* que: 1. Los Estados Miembros de las Naciones Unidas deberán mantener el principio de autodeterminación de todos los pueblos y las naciones;' etc. [UNGAR 637 A (1952).]

"1. De acuerdo con los propósitos y principios de la Carta de las Naciones Unidas, el artículo 1 del *Pacto Internacional sobre Derechos Civiles y Políticos*' [UNGAR 2200 (1966)] reconoce que todos los pueblos tienen el derecho de autodeterminación. El derecho de autodeterminación es de particular importancia porque su realización es una condición esencial para la efectiva garantía y observancia de los derechos humanos individuales y para la promoción y el reforzamiento de tales derechos. Es por esa razón que los Estados establecieron el derecho de autodeterminación como una disposición de la ley positiva en ambos Pactos [el ya mencionado, y el *Pacto Internacional sobre Derechos Económicos, Sociales y Culturales*'] y colocaron esta disposición como artículo 1, destacado de todos los otros derechos establecidos en los dos Pactos y anterior a todos ellos." Etc. [Comentario General núm. 12, hecho por el Comité de Derechos Humanos (de la Oficina del Alto Comisionado de las Naciones Unidas para los Derechos Humanos) sobre el artículo 1 (El Derecho de autodeterminación de los pueblos) de ambos *Pactos internacionales sobre los Derechos Humanos*', y adoptado en su 21 sesión, Marzo-1984. HRI/GEN/1/Rev. 9 (Vol. I).]

En ejercicio de las implicaciones que entraña el derecho internacional de independencia, autogobierno, libertad, libre disposición o autodeterminación de todos los Pueblos: "primero de los derechos humanos fundamentales y condición previa para el pleno disfrute de todos ellos", la evacuación incondicional e inmediata de todas las fuerzas de ocupación y de todo el aparato de sojuzgamiento y colonización instalados en los Territorios del Pueblo Vasco por los mencionados Estados ocupantes: España y Francia, constituye el requisito previo absoluto para la resolución democrática de los problemas creados por su imperialismo colonialista, y es también la exigencia básica para el restablecimiento del Euskara. En particular, la eliminación de la "frontera" imperialista-separatista franco-española que divide y separa a nuestro Pueblo, y hace de nuestro País y de nuestro Estado "regiones" de los Estados imperialistas de España y de Francia, es una exigencia primordial para la restauración de la legalidad internacional que estos Estados criminalmente conculcan.

Mientras esa evacuación no se produzca, la negativa y el boycott a toda colaboración y participación en las instituciones de los Estados ocupantes, junto con la permanente denuncia de éstos como imperialistas y criminales, es la condición primera de toda genuina oposición que se pretenda realmente democrática y que no sea meramente colaboracionismo camuflado y sumisión a los regímenes de ocupación militar de España y de Francia, presentados en cambio por los agentes de la traición y la sumisión como si fueran "propios, no-Nacionalistas, no-violentos, legítimos y democráticos".

Afirmamos también la vigencia, continuidad, actualidad e integridad de nuestro Estado, el Reino de Nabarra. Ello implica que, frente al criminal imperialismo franco-español y a su dominación y colonización de nuestro Pueblo, afirmamos la constante e irrenunciable permanencia del Pueblo Vasco en sus Territorios Históricos: mantenida sin interrupción desde los albores de los tiempos, tal como de siempre han sido citados por nuestros escritores clásicos. Esto es: junto al resto de Territorios del trans/cis-pirenaico Reino de Nabarra, *"Zuberoan, Laphurdin, Bizkaian, Gipuzkoan, Alaba-herrian eta bertze anhitz lekhutan".*

El resto de sus *'disjecta membra'*: que histórica y voluntariamente formaron parte del Reino de Nabarra y que más o menos tempranamente fueron arrancados de su seno, conservan todo su derecho a retornar a la patria común que es nuestro Estado actual y a sus Instituciones, de las que fueron violentamente separados. Un retorno al que fraternalmente los invitamos, con la garantía de conservar la plenitud e integridad de sus inalienables derechos, en cuya defensa común comprometemos nuestro inextinguible amor y entrega a la libertad nacional y los derechos humanos fundamentales: constitutivos y constituyentes de toda auténtica democracia y por ende del sistema socio-político que propugnamos. Un sistema confederativo y participativo según la inmemorial práctica asamblearia de nuestros Batzarrak, base de nuestras Asambleas e Instituciones municipales libres.

La bandera y los símbolos del Pueblo Vasco/Euskal Herria y de su Estado: el Reino de Nabarra, son todos los que históricamente han sido utilizados para simbolizar su existencia como Pueblo y Estado soberano e independiente, tal como nos han sido transmitidos por la documentación historiográfica. Junto con ellos, puesto que fue concebida y popularmente adoptada para representar el mismo sujeto político: la Nación de los Vascos independiente y soberana, constituida en la plenitud de sus derechos y asentada en la totalidad de sus Territorios históricos, la bandera bi-crucífera diseñada por los Hermanos Arana-Goiri – cuya humillación, reducción y recuperación por el imperialismo han sido ignominiosamente permitidas por los colaboracionistas de la transición intra-totalitaria al Segundo Franquismo actualmente reinante – forma parte también del patrimonio común de símbolos que expresan y han galvanizado las ansias de libertad, democracia e independencia nacional de nuestro Pueblo frente a las agresiones y los crímenes: tanto del Colonialismo y el Nacionalismo imperialistas y fascistas de España y de Francia, así como del Nazi-Fascismo y el Nacional-catolicismo de sus aliados internacionales del Eje y el Vaticano; conservando la pre-eminencia, como es natural, la bandera de nuestro Estado histórico: el Reino de Nabarra.

La recuperación y falsificación de los signos de identidad de los Pueblos sojuzgados, realizadas por el imperialismo, son mecanismos que contribuyen a confundir a su base social; sobre todo cuando ésta está siendo engañada, desamparada y traicionada por una pretendida clase intelectual y política integrada por incapaces o vendidos al servicio de la empresa imperialista, como ocurre actualmente en el País de los Vascos.

En cuanto a la elección de otros símbolos, tales como himno nacional u otros, y como ya ha quedado apuntado, sólo el restablecimiento de las condiciones de la Autodeterminación o Independencia nacional: con la previa expulsión de todos los ejércitos extranjeros que ocupan nuestro

País, nos permitirá hacer esa elección con plenas garantías de participación, información y aportación generales; en particular, de quienes estén cualificados para aconsejar sobre la decisión más correcta en tales cuestiones. Hasta ese momento, todos los elementos que pertenecen al acervo cultural de nuestro Pueblo deberán ser celosamente preservados.

MANIFIESTO
DEL MOVIMIENTO VASCO DE RESISTENCIA Y SALVACIÓN NACIONAL

EL PUEBLO VASCO: UN PUEBLO MÁS EN EL MUNDO

"Antes de examinar el acto por el cual un pueblo elige un rey [es decir: un gobernante], sería bueno examinar el acto por el cual un pueblo es un pueblo. Pues este acto, siendo por necesidad anterior al otro, es el verdadero fundamento de la sociedad." (J. J. Rousseau; *'Del Contrato Social; o, Principios del Derecho Político'*, 1762.)

El proto-europeo Pueblo Eúskaro/Euskal Herria: constituido como Pueblo autóctono desde antes de la llegada de los llamados Pueblos Indo-Europeos, sufrió una reducción de sus asentamientos territoriales por efecto de las agresiones de éstos. En cualquier caso, nuestros antepasados quedaron documentados ya en época histórica (siglo I a. C.) por los Romanos con el nombre de *'Vascones'*.

Una vez que hubo desaparecido su *'imperium'* o dominación, tras la caída del Imperio Romano, el Eúskaro Pueblo Vascón/Vasco-Euskal Herria no renunció nunca a su libertad a pesar de las subsiguientes y constantes agresiones del imperialismo de los Visigodos, Francos e Hispanos cristianos, así como de los musulmanes Árabes y Norte-Africanos; y se mantiene enraizado en los que desde hace milenios han sido sus Territorios, los cuales le pertenecen de pleno derecho. Su ÚNICA lengua propia es el Euskara, y su Estado actual es el Reino de Nabarra. (Por comodidad, y a fin de evitar innecesarias repeticiones en la exposición de estas cuestiones, remitimos al lector a la anterior sección sobre la Declaración sobre el Idioma, los Territorios, el Estado y los Símbolos del Pueblo Vasco/Euskal Herria.)

EL IMPERIALISMO, O LA DOMINACIÓN DE PUEBLOS Y SUS ESTADOS

Como ocurre en general con cualquier empresa de agresión y dominación contra la libertad de los Pueblos y la integridad e independencia de sus Estados legítimamente constituidos, no hay problema teórico o científico para establecer la naturaleza histórica y sociológica de la dominación imperialista instaurada por España y Francia sobre el Pueblo y el País de los Vascos y sobre su Estado: el Reino de Nabarra, sucesor del Reino de Pamplona.

Este Pueblo, con una personalidad bastante más antigua y caracterizada que la de sus voraces vecinos, ha manifestado en toda su existencia la preocupación constante por su libertad. Una fiera independencia había sido siempre la característica de los Vascos desde su aparición en la historia. Esto era más de lo que el Despotismo asiático español, el Absolutismo francés, y el Totalitarismo hiero/teocrático pontificio y eclesiástico romano podían tolerar. Es por medio de la violencia más determinada como esta libertad le ha sido arrancada al Pueblo Vasco/Euskal Herria por esa

Tríada infernal: la más insaciable destructora de Pueblos, civilizaciones y libertades que la Historia ha producido, integrada por esos nuevos recién llegados – Pontífices romanos, Francos y Godos-Hispanos – que no soportaban (y cuyos sucesores no soportan) la libertad para ellos mismos; mucho menos para los demás.

Por instigación de la Iglesia y de aquellos poderes establecidos bajo su bendición, la orientación ideológica de la historiografía oficial europea – realizada por clérigos – ha estado basada desde aquel entonces sobre la falsificación/ocultación de esa realidad de opresión, a fin de presentar el Sacro Imperio y el imperialismo como un factor benéfico y positivo, confrontado o frente a la libertad de los Pueblos; libertad y Pueblos que son por el contrario presentados como elementos ligados a "salvajismo" y "barbarismo". Es así como la llamada "conversión de los Sajones al Cristianismo" fue impuesta: por el rey Franco Carlos I (posteriormente llamado 'Carlomagno'), con la bendición de la Iglesia.

Resultado de dieciocho batallas llamadas "Guerras Sajonas" (772-804), y presentada con naturalidad y elogios por la historiografía oficialmente admitida, esa "conversión" oculta el hecho de que fue conseguida mediante terrible coacción y decapitaciones en masa (Masacre de 4,500 Sajones en Verden, Octubre-782); lo cual da la medida del grado de perversión y embrutecimiento moral con los que la "ciencia" histórica oficial ha envenenado durante más de mil años las mentes de generaciones, a las que ha estado lavando el cerebro como consecuencia de esa falsificación/ocultación ideológicamente orientada que llega a nuestros días. Como resultado de ello, las pretendidas "autoridades" religiosas, morales y académicas de Europa Occidental no han tenido ningún escrúpulo en crear un "prestigioso" premio con el nombre de aquel genocida *avant la lettre:* el "Premio Carlomagno", destinado *"a la unificación de los pueblos europeos, para defender los más altos valores humanos y ayudar a los pueblos oprimidos y marginados"* etc. Pero los Vascones, que habían comprendido que su "unificación" y su nombre eran sinónimos de crímenes, muerte, destrucción y opresión, afortunadamente pudieron derrotarlo a él y a su sucesor en los años 778 y 824, según veremos.

El Imperialismo es la especie extrema, criminal, más agresiva y opresiva de violencia, guerra y dominación, despotismo y totalitarismo. Los diversos factores que constituyen su dominación se refuerzan o contrarrestan, se implican, suceden y complementan mutuamente, y se presentan en forma diversa en cada caso; pero siempre, como los Jinetes del Apocalipsis, cabalgan juntos. Genocidio de los Pueblos sojuzgados y violación de sus mujeres; Nacionalismo, racismo, colonialismo, terrorismo y fanatismo; opresión política, religiosa, lingüística y cultural; explotación de clase y dominación sexista del hombre sobre la mujer, inherentes al orden imperialista y colonial; pillaje, corrupción y expoliación; y discriminación y negación de la libertad, de los derechos humanos fundamentales e inherentes y de toda democracia, son idénticos y constitutivos del imperialismo.

En sentido estricto, el Imperialismo es la violación de la Autodeterminación o Independencia de los Pueblos; algo cuya esencia y existencia no dependen del grado o la forma concretos de implantación de esa dominación política, es decir: de que ésta sea más o menos declarada, brutal o repugnante sino de la efectiva dominación de un Pueblo, de la negación de su libre Autodeterminación o Independencia. En los Pueblos y Países sojuzgados, despotismo e imperialismo son una misma cosa, sea cual sea su manifestación concreta. Plantear la cuestión de la Libertad Nacional de un Pueblo sojuzgado es plantear la cuestión general de la libertad, los derechos humanos, y la democracia:

"La Asamblea General, [...] Declara que: 1. La sujeción de los pueblos a sojuzgamiento, dominación y explotación extranjeros constituye una denegación de los derechos humanos fundamentales, es contraria a la Carta de las Naciones Unidas, y es un impedimento para la promoción de la paz y la cooperación en el mundo." Etc. [UNGAR 1514 (1960)]

El imperialismo es la lucha de clases a nivel internacional: es la dominación y explotación de un País por otro. Es un problema perenne de la existencia humana, como bien dice Reinhold Niebuhr. Y el Nacionalismo imperialista y colonialista: Nacionalismo en sentido estricto, consiste además en la colonización/destrucción de la Nación dominada, y en la imposición sobre ella de los caracteres nacionales de la Nación opresora mediante un régimen totalitario y fascista, es decir: de permanente ocupación militar.

Jamás el Nacionalismo imperialista español y francés ha conocido o reconocido la legitimidad y lo bien fundado de la Resistencia de los Pueblos, ni su existencia como tales Pueblos: en ninguno de los Países que España y Francia decidieron conquistar, someter y destruir. Estas naciones y Estados predadores: constituidos durante siglos en regímenes internos despótico-asiáticos, absolutistas, totalitarios y finalmente fascistas; que por demografía, geografía, recursos y otros factores han aspirado también durante siglos a la dominación universal como un "designio nacional"; y que estaban especialmente dotados para el bandidaje, el pillaje, el asesinato y el Terrorismo de masas, siguen siendo aún particularmente adictos de la violencia como tratamiento y solución únicos, inmediatos y definitivos de los problemas internacionales que ellos mismos provocan.

Los Nacionalistas españoles y franceses son incapaces de ver los Pueblos sojuzgados como otra cosa que material destinado a ser asimilado por su Nacionalismo imperialista. Aun después de sus respectivas derrotas, tras siglos de guerras, ocupación, expoliación, persecución, asesinatos y genocidio, Francia ha tardado cincuenta años en admitir que en Argelia hubo siquiera una guerra (¡y aún más inconcebible, que fuera una guerra colonial de Francia contra un movimiento de independencia!); y España tardó setenta y cinco en reconocer la independencia proclamada por sus colonos de Perú, del mismo modo que los Países Bajos consiguieron obtener su independencia de España después de la llamada Guerra de los Ochenta Años. Ambas son naciones que necesitan negar los derechos, la independencia, la dignidad y finalmente la existencia misma del Pueblo que pretenden aniquilar, como medio de terminar efectivamente con él.

La negación anticipada – que dichas naciones han establecido – de la identidad y la existencia misma de los Pueblos sojuzgados, sirve ideológicamente al objetivo de su liquidación por estos "grandes" caníbales Nacionalistas. Es la expresión suprema de la esencia cultural del Nacionalismo y el Racismo imperialistas: la xenofobia, el odio y el desprecio a los otros Pueblos. El Nacionalismo imperialista español y francés es, por naturaleza, opuesto a toda alteridad, diálogo, convivencia y concordia internacionales; no considera más salida, para el conflicto total y absoluto que ha promovido, que la solución final. La liquidación del Pueblo oprimido es su objetivo fundamental e inamovible, como se muestra en el paradigmático caso argelino.

"Delenda est Carthago." "La única negociación es la guerra." (F. Mitterrand, ministro 'socialista' del interior del Gobierno francés. De su discurso desde la tribuna de la "Asamblea Nacional", 1954.) "Es indispensable basar la colonización sobre la dominación." (Jules Ferry, en la Cámara de Diputados, Julio-1885.) Es el contenido real de "libertad-igualdad-fraternidad, Constitución, pluralidad y diálogo" en versión Nacional-imperialista franco-española. "El Estado social y democrático de derecho, el diálogo, la convivencia, la paz y la libertad": de los que sus agentes hablan ahora a todas horas, están reservados para los Españoles y los Franceses sobre la base de la imposición/aceptación de su Nacionalismo imperialista. No existen para los demás.

El imperialismo absoluto contra "el enemigo absoluto: aquél con quien ninguna reconciliación es posible" etc., trata apenas de disimular su naturaleza pretendiendo hacer creer que sólo combate a una pequeña minoría de oponentes; pero sabe perfectamente que – dadas las actuales condiciones que su régimen totalitario establece mediante los modernos monopolios de violencia y propaganda – la Resistencia no sería posible ni existiría, de no haber un conflicto estructural con un Pueblo ocupado y colonizado: el cual es EL OBJETIVO REAL Y ÚLTIMO de su política de liquidación de los Pueblos sojuzgados.

La competición imperialista entre España y Francia por la anexión del Reino de Nabarra dejó paso a la plena solidaridad frente a la Resistencia. Españoles y Franceses se detestan y se desprecian cordial, profunda y recíprocamente entre ellos; pero el "problema vasco" los obliga a hipócritas declaraciones y a retrosculares homenajes y testimonios de mutua admiración y amistad eterna. Cuentan ahora sin reservas con la mutua complicidad y con el apoyo de toda la reacción mundial. El Pueblo Vasco determina indirectamente la política de la Unión Imperialista Europea y sus Estados-Miembros, en cualquier lugar donde se da un conflicto entre los Pueblos y los Estados imperiales.

El Imperialismo, el Nacionalismo y el Fascismo no tienen nada que ver con ninguna clase de "honestidad" ideológica; no son "ideas u opciones respetables": son crímenes horrendos e imprescriptibles, las mayores ofensas que registran la moral y el derecho.

VIOLENCIA CRIMINAL E IDEOLOGÍA IMPERIALISTA: INSTRUMENTOS CONTRA LA LIBERTAD DE LOS PUEBLOS

El Imperialismo es una empresa criminal de dominación-explotación nacionalista contra la libertad de los Pueblos: establecida y mantenida mediante la violencia criminal (esto es: la ejercida en violación de los derechos humanos fundamentales y no en su defensa, que es la violencia legítima), y que se realiza también mediante el adoctrinamiento ideológico; lo cual implica la confusión mental de sus pacientes, la mentira, el disimulo y la calumnia. El objetivo es lograr, mediante el engaño ideológico, la legitimación del criminal poder establecido; un engaño que, junto con la violencia criminal, constituye el fundamento del poder imperialista. Según se ha expuesto en Publicaciones Iparla:

"Toda relación y toda empresa de dominación en la sociedad humana establecen su supremacía mediante el control de los recursos económicos y de violencia sobre el sujeto paciente/dominado, y desarrollan a continuación una ideología que las sirve. Toda violencia ejercida en violación de derechos humanos fundamentales, como ocurre con la violación de la Autodeterminación o Independencia de los Pueblos, es una violencia criminal, y constituye un crimen imprescriptible de derecho común, según el derecho internacional.

"Quienes oprimen a Pueblos y Estados no son agentes de honorables tareas políticas, son simples malhechores. Pero no delincuentes políticos, sino simples delincuentes comunes; y tampoco delincuentes de un nivel cualquiera sino autores de los más grandes crímenes. Si nos remitimos a la ley internacional, tales terribles ofensas se ordenan en tres grupos: las cometidas contra las leyes de la guerra, contra la paz, y contra la humanidad. No pueden ser olvidadas ni perdonadas, si de verdad pretendemos terminar con ellas.

"Pero un poder despótico no podría mantenerse de forma duradera sólo por la violencia y sin una justificación ideológica. En efecto, no cabe dominación política sin dominación ideológica. Pues, como indica G. Lukács, un poder, si bien no podría mantenerse como tal sin estar basado en una violencia actual y disponible para ser utilizada cuando y tantas veces como fuera necesario, sin embargo de ninguna manera podría subsistir si tuviera que manifestarse en cada momento como tal violencia actual, en toda su crudeza. Cuando aparece esta necesidad, está claro que la violencia del poder se enfrenta al rechazo de la sociedad; y ésta reacciona respondiendo a esa violencia criminal y organizada con su violencia propia y legítima. La democracia es el poder político del Pueblo, su violencia legítima frente a quienes pretenden dominarlo.

"En la historia de los conflictos sociales, la ideología aparece inicialmente así pues como un invento de los fuertes para reforzar y ampliar su poder; invento revisado posteriormente por los débiles para fundar y confortar su pretensión de emancipación. La ideología de las Naciones y los Estados dominantes es la ideología dominante.

"La ideología es la determinación del comportamiento humano por medio de las ideas. 'Las ideologías no atienden verdaderamente a profundizar el conocimiento sino solamente a determinar la voluntad.' La ideología no tiene por objetivo constitutivo la potenciación del conocimiento sino la determinación del comportamiento social por medio de las ideas, al igual que la política tiene por objetivo constitutivo la determinación del comportamiento social por medio de la violencia; el que todavía no se ha enterado de eso no tiene nada que hacer en política, a no ser como autor, cómplice, agente o administrador de la política de los demás.

"En la ideología propia del imperialismo y el fascismo (constituida por la integración de la actividad pensante en los fines y medios del conjunto totalitario), *la ideología de la realidad* – de necesario uso interno para las clases dominantes – se acompaña con *la ideología de la ilusión*, elaborada ante todo para que se la crean los demás. Este desdoblamiento ideológico se materializa en la división entre el trabajo espiritual y el material; en la división orgánica entre los 'ideólogos de la ilusión y los ideólogos de la realidad', y entre los monopolios y departamentos de propaganda y los de violencia, respectivamente.

"Según la formulación de Marx-Engels, 'La división del trabajo, en la cual hemos reconocido ya uno de los factores más importantes y más potentes de la historia, se manifiesta igualmente en la clase dominante como división entre el trabajo espiritual y el material. En el interior de esta clase, una de las partes funciona como pensadores de esta clase social: son sus ideólogos activos y conceptivos, que tienen la especialidad de forjar las ilusiones de esta clase sobre sí misma; especialidad de la que hacen su principal fuente de subsistencia. Los otros guardan, respecto a tales ideas e ilusiones, una actitud más bien pasiva y receptiva, porque son en realidad los miembros activos de esta clase y tienen menos tiempo para hacerse ilusiones e ideas sobre sí mismos. Esta escisión puede incluso degenerar en cierto antagonismo y cierta hostilidad entre las dos partes en presencia. Pero en cuanto sobreviene una colisión práctica que pone en peligro a la clase entera, esta oposición desaparece por sí misma'. (Al no estar esta especialización rígidamente corporativizada, la 'contradicción' teórica – pero ideológicamente funcional – entre ambas clases de trabajo se manifiesta también a través y en el interior de los grupos y de los individuos.)

"La ideología de la ilusión ha tratado siempre de ocultar la constitución real y primaria del imperialismo, es decir: el origen y la realidad de violencia criminal propios de su política y su derecho positivo. Según tal ideología, los grupos que ejercen la dominación imperialista '*de facto*' no serían criminales agresores y los más fuertes sino los mejores: los justos, honrados, sabios, sociables, pacíficos, no-violentos, y servidores del Bien contra el Mal. A su vez, los individuos o grupos que padecen la dominación política a manos de aquéllos no serían indefensos agredidos y los más débiles sino los peores: los perversos, injustos, deshonestos, mentalmente estúpidos (o alienados), asociales, agresivos y violentos servidores del Mal contra el Bien. Vemos así cómo los monopolios – civiles, militares y eclesiásticos – de propaganda, lavado de cerebro e intoxicación ideológica de masas promueven cada vez más agresivas campañas de manipulación y disolución ideológicas, y de culpabilización de las víctimas indefensas de la Violencia y el Terrorismo de masas, al objeto de liquidar o prevenir toda Resistencia." (*Publicaciones Iparla.*)

Según se busca con tales campañas, los Pueblos que se defienden y resisten frente a la agresión del imperialismo, por débilmente que lo hagan, son presentados por sus agresores como fieras salvajes desprovistas de razón y humanidad, sedientas de la sangre de sus pacíficos y generosos benefactores, quienes a su vez son víctimas inocentes y desarmadas de la brutalidad y la barbarie de los aborígenes. Las referencias racistas y zoofóbicas no son nuevas. Se oían o se leían ya desde los primeros tiempos del acoso ario a las tribus vascónicas y al Reino de Nabarra. Así es como fueron descritos nuestros antepasados en un famoso códice:

"Las gentes de esta tierra son feroces como es feroz, montaraz y bárbara la misma tierra que habitan: la ferocidad de sus rostros y los gruñidos de su bárbaro idioma aterrorizan el corazón de quienes los contemplan. [...] En ese monte, antes de que Hispania fuera cristiana, los impíos Navarros y Vascos tenían por costumbre no sólo robar a los peregrinos que se dirigían a Santiago, sino montarlos como asnos, y matarlos. [...] Navarros y Vascos son muy semejantes en cuanto a comidas, el vestido y la lengua, aunque los Vascos son algo más blancos de rostro que los Navarros. [...], y oyéndolos hablar, te recuerdan los ladridos de los perros, pues su lengua es completamente bárbara. A Dios lo llaman *Urcia*; a la Madre de Dios, *Andrea Maria*; al pan, *orgui*; al vino, *ardum*; [...]. Este es un pueblo bárbaro, distinto de todos los demás en sus costumbres y naturaleza, colmado de maldades, de color oscuro, de aspecto innoble, malvado, perverso, pérfido, desleal y falso, [...]; parejo en maldad a los Getas y los Sarracenos, y enemigo frontal de nuestra nación gala. Por una miserable moneda, un navarro o un vasco liquida, como pueda, a un franco." Etc. (*Codex Calixtinus*, Libro V; hacia 1140-60.)

Es preciso señalar en primer lugar una aclaración, para poder captar el sentido correcto de este texto, ya que en la época en que fue escrito eran llamados "Vascos" los habitantes de la llamada "Tierra de Vascos", que es la parte de nuestro País al norte de los Pirineos; mientras que los Eúskaros que vivían al sur de los Pirineos eran todos llamados Nabarros, y de hecho el Reino de Pamplona pasó a llamase oficialmente Reino de Nabarra en 1162, es decir en la época en que el Códice fue escrito.

Pero nuestros antepasados Eúskaros, que habían sido acosados y acorralados desde la llegada de las invasiones arias a Europa (y finalmente por los Celtas, a quienes los Romanos llamaron Galos), jamás atacaron la nación gala; la cual, tras haber sido sojuzgada por las legiones romanas de Julio César, había sido después agredida y ocupada por los nuevos invasores, los Bárbaros Francos. Y sin embargo nuestros antepasados: que jamás formaron ejércitos ni marcharon para invadir los territorios donde se habían asentado los Francos (mientras que ellos sí vinieron en armas a agredir a nuestro Pueblo y sus territorios), eran el "pueblo bárbaro" etc. en aquella temprana campaña de propaganda imperialista de desprestigio creada bajo impulso cristiano-franco-hispano, que vomitaba su odio racista contra nuestro Pueblo desde los mass-media de la época: púlpitos y códices bellamente miniados.

Por su parte, el Ecuménico Tercer Concilio Lateranense declaraba la guerra santa "contra los Brabantinos y Aragoneses, Navarros, Vascos, [y otros], que ejercen tanta ferocidad hacia los Cristianos que no respetan ni iglesias ni monasterios, ni viudas y huérfanos, ni ancianos y niños, y que quienquiera que sea no perdonan edad o sexo, sino que a la manera de los paganos lo destruyen y devastan todo":

"De Brabantionibus et Aragonensibus, Navariis, Bascolis, Coterellis et Triaverdinis, qui tantam in Christianos immanitatem exercent, ut nec ecclesiis, nec monasteriis deferant, non viduis, et pupillis, non senibus, et pueris, nec quilibet parcant aetati, aut sexui, sed more paganorum omnia perdant, et vastent." (*Tercer Concilio de Letrán, Canon 27*; Roma, 1179.)

Como resultado de estas sistemáticas campañas internacionales de difamación y condena realizadas al más alto nivel contra el Pueblo Vasco y su Estado, el Reino de Nabarra; y contando con tales "justificaciones" ideológicas y bendiciones eclesiásticas, se produjeron ataques del imperialismo hispano contra nuestro Estado. Las agresiones contra el "Reino de los Vascos", es decir: la confederación de repúblicas, condados y señoríos Vascónicos históricamente constituida en torno al Reino de Pamplona, se iniciaron en 1054 con el desmembramiento/anexión de Bureba, Montes de Oca etc. realizado por Castilla tras la batalla de Atapuerca. Ello señaló el comienzo de la que sería ya una empresa constante de sucesivas agresiones, ocupaciones y desmembramientos – eclesiásticamente inducidos, apoyados y legitimados – que culminaron en la primera gran agresión general y ocupación de guerra de toda la posteriormente llamada "Nabarra marítima": realizada en 1199-1200 por los reinos hispánicos contra el Reino de Nabarra bajo los auspicios de Lotario de Segni, el papa

Inocencio III, uno de los máximos exponentes de la teo/hierocracia papal.

La pérdida de toda la parte occidental de nuestro País fue un hecho funesto que separó al Pueblo Vasco/Euskal Herria, e hizo que la población de toda esa región occidental viviera no sólo de espaldas al resto de su propio Pueblo sino como súbditos – integrados mediante la violencia criminal – de otro Estado que era enemigo del Reino de Nabarra; con lo cual los Vascos occidentales acabaron siendo utilizados como soldados "hispanos" contra la independencia del Reino de los Vascos, el cual habían olvidado ya que una vez fue el suyo propio. No es extraño que el Lehendakari Agirre, al hablar sobre el deplorable estado de nuestra historiografía nacional (que sus correligionarios actuales no han restaurado en absoluto), escribiera:

"[...] En cambio, ¡qué olvido de cerca de siete siglos [del VII al XIII] de lucha nacional y unida por la defensa de la independencia y la constitución de un Estado! ¡Qué olvido de las ideas y de las formas políticas de la época en que los hechos se produjeron! ¡Qué menosprecio por lo que pasaba a nuestro alrededor o en el mundo conocido de aquel entonces; y qué fácil aceptación del límite pirenaico como barrera histórica, siguiendo inconscientemente el espíritu de los cronistas hispánicos! [...]

"[...] Yo me siento fundamentalmente pirenaico; porque allí en sus montañas y en todas sus estribaciones el pueblo vasco unido resistió siglos contra Roma y contra Carlomagno, contra [el último rey visigodo] D. Rodrigo y contra Abderramán, contra Alfonso VI el Emperador leonés y contra Alfonso VIII el artero. [...] Mientras tanto los Haros y los Gebaras, como hoy los Rodeznos y los Rodas, se iban con el castellano que supo corromperles con tierras – ah, la Rioja! – y con títulos. Así traicionaron a su patria y a su estirpe vasca desmembrando el cuerpo nacional cuando se consolidaba, como supo hacerlo Portugal, una forma estatal indígena. No sé si Vd. sabe que todos estos personajes eran por sí o por sus antecesores caballeros de Nabarra, y que uno de los Gebaras llevó el título de 'Princeps Navarrorum'. ¡Qué poco pudo hacer el pueblo contra tanta ambición! [...]

"La Historia vasca así concebida tiene a juicio hoy de la mayoría un sesgo infinitamente más nacional y más de acuerdo con lo que nuestro pueblo sintió durante largos siglos. No reduzcamos nuestra historia a luchas mezquinas, a eternas divisiones y a odios de casta, que bastante hemos padecido a causa de todo ello. No retratemos a nuestro pueblo carente de sentido nacional e incapaz, como alguno de nuestros enemigos dijo, de constituir formas superiores de vida política. Porque la historia no es esa. Aceptemos que nuestros antepasados tuvieron una idea patriótica a su manera y según el tiempo en que vivieron. ¿Qué sentido tiene, de otra manera, una lucha de trescientos años, coordinada al Norte y Sur del Pirineo, contra francos y visigodos, y cómo explicar los doscientos años de lucha de la Monarquía nacional por el mantenimiento de la Rioja, caída la cual cayó Bizkaya, privada de soporte por el Sur? Ojalá que esta lucha de consolidación estatal hubiera llegado hasta el siglo XVI. El imperialismo, como en el resto de Europa, habría hecho quizá garra de nosotros; pero el recuerdo de una unidad nacional en la lucha perenne, coincidiendo con el despertar de los pueblos y más tarde con el de las nacionalidades, nos habría permitido presentarnos ante el siglo XIX en condiciones infinitamente más ventajosas que aquéllas en las cuales ha tenido que luchar nuestra nación. [...]. Con la unidad de todos los vascos llegará también la libertad. Y el pueblo dirá su voluntad y seguirá escribiendo nuestra historia más al estilo [en el espíritu] del siglo VIII ó del XI que no de aquellos otros siglos de división y confusión." Etc. (De la carta que el Presidente del Gobierno de Euzkadi, José Antonio de Agirre, dirige a Ceferino 'Keperin' de Jemein; fechada en Donibane [Lohitzune], a 30 de Septiembre de 1946.)

El modelo de agresión autorizada por el papa Lotario contra el Reino de Nabarra se repitió en 1209 en la "cruzada" nominalmente contra los Albigenses: desatada a partir de la excomunión que él había lanzado en 1207 contra el Conde Raimundo de Tolosa (en la que declaraba que sus Estados eran "entregados como presa"), pero que en realidad era contra todo el Languedoc y sus diversos sujetos constituyentes: Condados de Tolosa, de Comminges y de Foix, Vizcondado de Béarn etc.; muchos de cuyos Pueblos habían sido ya anatematizados por el Tercer Concilio de Letrán, junto con el Pueblo Vasco, según hemos visto. Todo lo cual era una invitación directa que dejaba las manos libres al rey de los Francos Felipe II Augusto – quien desde 1205 había comenzado a titularse "Rey de Francia" por vez primera – y a los nobles de su reino para acudir a aquella rapiña imperialista contra el Languedoc y al genocidio contra los Cátaros.

(La justificación papal para aquella Cruzada – que fue narrada en su primera parte por el Nabarro Guillermo de Tudela en su poema épico escrito en Occitano Antiguo bajo el título *'Canso de la Crozada'* – había tenido ya un precedente. En 1155 Nicolás Breakspear: único papa inglés y que reinó con el nombre de Adriano IV, concedió oportunamente a Enrique II de Inglaterra, mediante la bula *Laudabiliter*, su autorización para invadir la cristiana Irlanda, la cual pasaría a ser un dominio del rey inglés supuestamente en virtud de las atribuciones que la Santa Sede había recibido del Emperador Constantino mediante un decreto – una simple falsificación – que era conocido como *'Donatio Constantini'*: la Donación de Constantino. Según este "decreto", cuya autenticidad había sido puesta ya en duda hacia el año 1000 por el Emperador Otón III, aquel emperador romano había dado al papa amplias posesiones en la península itálica – el "Patrimonio de San Pedro", germen de los Estados Pontificios – e incluso poderes gubernamentales sobre todo el resto del Imperio romano de Occidente y al final sobre todo el Orbe.)

Una vez que los "cruzados" Francos llegaron a Occitania en 1209, el Terror comenzó inmediatamente con el asedio y la destrucción total de la ciudad y los habitantes de Béziers. Todos los habitantes de la ciudad: desde los ancianos Cátaros a los niños recién nacidos, fueron asesinados en el espacio de una mañana. Matar a tanta gente en tan poco tiempo, en una época en la que no existían "armas de destrucción masiva", requería una resolución salvaje que causa espanto; sin embargo, aquella acción fue instalada en las mentes de aquellos cristianos, y para la posteridad, bajo la justificación de un inconcebible fanatismo religioso que con la mayor naturalidad ignoraba toda caridad: el "nuevo mandamiento" dado por su fundador en el momento supremo. En su carta al papa Inocencio, su Delegado e Inquisidor Arnaud Amaury se maravillaba de su hazaña: "Casi veinte mil de los ciudadanos fueron pasados a cuchillo, con independencia de la edad y el sexo. [...] Las labores de la venganza divina han sido maravillosas", escribió.

El Papa Inocencio III: un augusto representante en la utilización del mecanismo ideológico de distorsionar términos y conceptos en favor del Despotismo sobre los Pueblos y las conciencias, había denominado oficialmente a la "cruzada" contra los Albigenses como *'Negotium Pacis et Fidei'* (Negocio de Paz y Fe). Así pues, las Cruzadas – y las matanzas que ellas implicaban – contra los reformadores cristianos cátaros de Occitania, y a continuación contra los musulmanes – también reformadores – Almohades de Al-Andalus, constituyeron pretextos y justificaciones perfectos para el "negocio" del expansionismo imperialista de los Francos y los Hispanos, quienes se beneficiaban así de su papel como defensores declarados de la ortodoxia (es decir, el poder despótico) papal para poder cometer sus crímenes y rapiñas en toda impunidad y con las bendiciones de la Iglesia de Roma, puesto que según el papa lo hacían "por la Paz y la Fe".

El rey Sancho VII *'el Fuerte'* de Nabarra no tenía el menor interés – sino todo lo contrario – para apoyar al Papa y a Alfonso VIII de Castilla en sus planes imperialistas contra Al-Andalus de los Almohades, siendo así que poco antes (1199-1200), y por la acción combinada de ambos, éste acababa de anexionarse los Territorios occidentales del Reino de Nabarra: las actuales Araba y Gipuzkoa, y tras nueve meses de asedio (que después llamaron "Voluntaria Entrega": es la ideología imperialista en acción de nuevo), también la ciudad de Vitoria que su padre Sancho VI 'el Sabio' había fundado en 1181 sobre una aldea anterior llamada Gasteiz. Sin embargo, a pesar de ello, Sancho VII se vio obligado a atender el nuevo llamamiento a "cruzada" de Inocencio contra los Almohades, y a presentarse formalmente en el campo de batalla de "Las Navas de Tolosa" (Julio-1212) como aliado del rey de Castilla y contra aquéllos mismos Almohades cuya ayuda él había buscado poco antes para socorrer a Gasteiz de su asedio por ese mismo Alfonso VIII de Castilla; si bien lo hizo con un mínimo contingente de tropas: un hecho que toda la historiografía imperialista española oculta y falsifica globalmente, tanto como mitifica aquella batalla. También acudió Pedro II 'el Católico', Rey de Aragón y Conde de Barcelona, quien tan caro pagaría aquella suicida ayuda que prestaba a la "cruzada" de Inocencio y Alfonso. (Cuando poco después Pedro II de Aragón-Catalunya acudió a socorrer a sus vasallos del Condado de Tolosa contra la agresión franca y papal, perdió la apuesta y su vida en la batalla de Muret, Septiembre-1213.)

Estas dos batallas de Las Navas y Muret, así como la de Bouvines: ocurridas todas ellas en el plazo de tres años consecutivos (1212-1213-1214), son hitos que cambiaron la relación de fuerzas en favor del Despotismo y el Absolutismo en el Continente. Historiadores de Inglaterra han llegado a decir que la batalla de Bouvines es la más importante de la historia inglesa de la cual pocos han oído hablar; y que el Pueblo Inglés ganó la partida al otro lado de los mares a pesar de haberla perdido en aquellos campos de batalla, puesto que aquella "derrota" les permitió el haber podido imponer al rey inglés el preámbulo de la 'Magna Carta', consolidando de ese modo las raíces de su libertad.

Efectivamente, fue esa derrota inglesa en Bouvines la que, al debilitar el poder de su Rey Juan, permitió a los Barones ingleses imponerle al año siguiente la concesión de los derechos contenidos en la 'Magna Carta' (1215); lo cual es el fundamento de toda la ley británica posterior y de la que, derivada de ella, se estableció en los Estados Unidos. Por el contrario, la dinastía Capetiana y su reciente conquista de Occitania resultaron reforzadas con aquella victoria, quedando fundada sobre ellas la "unidad" imperialista de Francia. Como resultado de la batalla de Bouvines, afirma el historiador Ernest Lavisse, "las dos Naciones emprendieron caminos distintos: Inglaterra hacia la libertad; Francia hacia el absolutismo".

Similarmente y por esas mismas razones, el porvenir del Reino de Nabarra se decidió, en gran medida, en los territorios de otros Países, entre soldados y batallas de otros lugares. A pesar de encaminarse una y otra vez en búsqueda de la ayuda de Inglaterra, Aragón-Catalunya-Tolosa o Al-Andalus, los Nabarros perdieron la partida aun ganando aparentemente en el campo de batalla, o al menos pareciéndoles que eran vencedores cuando no era así. De hecho, con cada victoria de Alfonso VIII: Alarcos (1195), Gasteiz (1199-1200) y Navas de Tolosa (1212), se añadía un eslabón más a nuestra futura cadena de dominación, un clavo más para el féretro donde se enterraría nuestra libertad; en lo cual aquel rey nabarro colaboró auxiliándolo en la última de esas ocasiones.

Ello fue así porque, al igual que en Francia, la evolución de los reinos hispánicos hacia el expansionismo y el despotismo imperialistas fue una constante histórica que acabaría engullendo al Reino de Nabarra. Esas características quedaron reforzadas por la nueva "Reconquista" visigótica-castellano-leonesa de *Hispania* así como por el expansionismo de los Francos sobre sus Estados periféricos, y no dejarían de crecer hasta lograr la dominación de todos los Reinos vecinos. En consecuencia, Francos e Hispanos sellaron también con ello la liquidación de sus propias libertades: ahogadas bajo sus propios regímenes totalitarios – necesarios para mantener su empresa imperialista – hasta el día de hoy.

Es indudable que, al acceder a los planes del papa, ambos reyes: de Aragón-Catalunya y de Nabarra, tenían muy presente el temor a las represalias del pontífice en el caso de que no lo apoyaran, sabiendo bien que tres años antes (1209) el Delegado papal e Inquisidor Arnaud Amaury había instigado a las fuerzas invasoras francas de Simón de Montfort a matar a toda la población de la ciudad de Béziers, ya fueran cátaros o no: "Matadlos a todos, que Dios ya reconocerá a los suyos", se afirma que dijo. Lo dijera realmente o no, el hecho es que en su presencia toda la ciudad fue masacrada y consumida por el fuego aquel 21 de Julio de 1209, literalmente convertida en una pira funeraria para un número de víctimas que, según consenso en las estimaciones de los investigadores, osciló entre 15,000-20,000 víctimas.

Que los métodos utilizados en aquella invasión de los Francos contra Occitania fueron pavorosos, lo reconocen hasta comentaristas críticos – aunque Nacionalistas – franceses como Simone Weil, quien afirma que en la historia ha podido haber hechos de una inmensa atrocidad, pero no mayor que la utilizada por los Franceses en la conquista de los territorios situados al sur del Loira a principios del siglo XIII. Había en ellos un alto nivel de cultura, tolerancia, libertad y vida espiritual, y sus gentes designaban a su patria con el nombre de su lengua: Languedoc. Los Franceses, que eran allí extranjeros y bárbaros, nada más llegar sembraron inmediatamente el terror, exterminando toda la ciudad de Béziers. Y una vez conquistado el país, instalaron en él la Inquisición.

Así pues, una vez que han logrado y asegurado la "paz" del imperio mediante – según las épocas – la agresión, la guerra, la conquista, la ocupación, el Terrorismo de guerra y de Estado, las hogueras, el fusilamiento, la deportación y la colonización realizados en los Pueblos y Países sojuzgados: *todo lo cual es su constitución real y primaria*, los agentes del Despotismo, el Imperialismo y el Fascismo ejercen un poder político e ideológico absoluto; detentan los monopolios de violencia criminal y de propaganda del régimen totalitario; banalizan el secuestro, la tortura y el asesinato sistemáticos (legales e ilegales, oficiales u oficiosos); oprimen y reprimen, fusilan, encarcelan, silencian y convierten en malhechores, delincuentes y fugitivos a cuantos se niegan a someterse a su tiranía y dominación y sólo quieren vivir en paz y libertad; y, en suma, persiguen como delitos y crímenes la defensa teórica o práctica de la libertad nacional, de los derechos humanos fundamentales, y ante todo del inherente e imprescriptible derecho de autodeterminación o independencia de todos los Pueblos. Hablamos de la política imperialista.

MANIFIESTO DEL MOVIMIENTO VASCO DE RESISTENCIA Y SALVACIÓN NACIONAL

POLÍTICA Y DERECHO

"La política es la determinación del comportamiento social por medio de la violencia". (Iñaki Aginaga.)

La política no es "compatible ni incompatible" con la violencia: está constituida por ella. Los ideólogos del régimen imperialista, en su cometido al servicio de la ideología de la ilusión difundida por los monopolios de adoctrinamiento e intoxicación ideológica de masas, pretenden que violencia y política son incompatibles. Pero violencia y política no son incompatibles, ni siquiera son propiamente compatibles: la violencia es *constitutiva* de la política. La política está constituida por violencia actual y virtual, que determina el comportamiento y las ideas de quienes le están sujetos.

Política y no-violencia son incompatibles: sin violencia no hay política. Una política no-violenta es una contradicción en los términos, un vacuo atentado a toda lógica formal o general, una negación hipócrita de la más evidente realidad, cuyas consecuencias las sufren siempre los débiles y los indefensos. No cabe oponer política violenta y política no-violenta: una política puede o no oponerse a otra; pero no puede, sin contradicción formal, oponerse a la violencia.

Una moral de no-violencia es perfectamente posible en idea, sin que ello implique contradicción. Es también un factor normativo positivo y efectivo de comportamiento; si bien su práctica no ha rebasado nunca otros límites que el umbral individual, los ámbitos socialmente marginales o sectarios, la reducción aproximativa, y los compromisos adaptativos. "El Sermón de la Montaña – entiendo por ello la ética absoluta del Evangelio – es cosa mucho más seria de lo que creen quienes en nuestros días citan gustosamente sus mandamientos. No se bromea con ella. Lo que se ha dicho a propósito de la causalidad científica se aplica también a la ética: no es un coche de punto que pueda hacerse parar para tomarlo o dejarlo a capricho. Se la acepta o se la rechaza por entero, éste es precisamente su sentido; proceder de otro modo es trivializarla." (Max Weber; *'El político y el científico'*, 1919.)

Pero el autor del Sermón de la Montaña ya advirtió honestamente de que su reino no era de este mundo. En cambio, quienes entre nosotros se dicen sus seguidores, predican la no-violencia a partir del respeto al régimen imperialista franco-español: impuesto al Pueblo Vasco mediante la violencia criminal y horrendos e incontables crímenes constitutivos. Igualmente, los "demócratas no-violentos" propugnan entre nosotros la no-violencia y la democracia a la vez; pero la democracia es el poder político del Pueblo, es decir: su capacidad de violencia para oponerse a quienes pretenden sojuzgarlo.

La violencia es el medio específico de la política. Es imposible diferenciar una política de otra por su medio, es decir: por la presencia o la ausencia de violencia; ya que, por diferentes que sean sus fines, todas emplean el mismo medio. Las distinciones que podrían establecerse entre la democracia y el despotismo, entre la acción defensiva y la agresiva, entre la violencia "buena" y la "mala", son a este respecto completamente irrelevantes: la violencia es violencia, y por tanto todos los comportamientos que entrañan violencia son (ontológicamente) indiferenciables por lo que respecta a tal medio. La democracia (demo-kratía = poder del pueblo) es también una "cracia", y por tanto no consiste en la no-violencia: consiste en la violencia, como todo régimen político. La distinción entre la política democrática y la despótica, por lo que a su respectivo recurso a la violencia actual o virtual se refiere, se establece:

a) cualitativamente por sus respectivos fines: cuando éstos son democráticos, la violencia se ejerce en defensa de los derechos humanos fundamentales frente a quienes pretenden conculcarlos; y cuando los fines son despóticos, la violencia es ejercida para la destrucción/conculcación de esos derechos; y

b) cuantitativamente por las dosis diferenciales: respectivamente controladas o incontroladas, que se dan en ambas.

Toda política – ya sea democrática o despótica/imperialista – se constituye como tal por referencia estratégica: por el proyecto, el logro, la distribución y el ejercicio de la violencia en función estratégica; fuera de ello no hay política. La acción política es estrategia, y la cuestión-clave de la estrategia apunta a la determinación e implementación de una acumulación dinámica de fuerzas capaz de constituirse para la consecución de unos objetivos políticos pre-determinados, a saber: la modificación de la relación de fuerzas en presencia. Una política-estrategia será democrática sólo si consigue realizar esa modificación en favor de los Pueblos sojuzgados; en caso contrario, la política-estrategia será imperialista-colonialista.

Una vez que el imperialismo ha conseguido imponer su "paz" y su dominación, criminalmente establecidas por su constitución real y primaria según hemos expuesto en el punto anterior, sus legistas crean a continuación el constructo formal, el documento al que llaman "Constitución", es decir: la "Constitución" formal y secundaria. Ésta queda garantizada por quienes detentan "los cañones y envían la artillería a las calles; [...]. Ya lo veis señores, un rey a quien el ejército y los cañones obedecen: ¡esto es parte de una constitución! [...]. Al mismo tiempo, la nación carece de esas armas de fuerza organizada, de esos muy importantes puntales constitucionales a los que ya he hecho referencia: los cañones". (Ferdinand Lassalle; *Sobre la Esencia de las Constituciones'*, 1862.)

La formulación de las "Constituciones" del imperialismo consiste en diversos sofismas y paralogismos: necesariamente basados en elaboradas ficciones, falacias, manipulaciones ideológicas y definiciones constitutivas en petición de principio; entre ellas: "voluntad popular, derechos humanos, Estado de derecho, sufragio universal, contrato social, nación, democracia" etc. Mediante todo ello se "santifica, demuestra y hace legal" todo lo que las armas han establecido anteriormente mediante incontables y horrendos crímenes imprescriptibles.

Así pues, si la violencia constitutiva de la política consigue imponerse de forma incontestable, decreta entonces su derecho positivo, consistente en un orden social de violencia cuyas únicas alternativas son la anarquía o la guerra. *"También los antiguos (los más avisados de entre ellos) sabían que el origen del derecho es la violencia; que el derecho es una función de la violencia."* (Yevgeni Zamiatin; *'Nosotros'*, 1921.)

"Comienza usted planteando la cuestión del derecho y la fuerza. Es ése, sin duda alguna, el punto de partida de nuestra investigación. ¿Me permite usted que reemplace el término 'fuerza' por el más incisivo y duro de 'violencia'? Derecho y violencia son actualmente para nosotros una obvia antinomia. [Sin embargo] Resulta fácil demostrar que el primero deriva de la segunda." (Sigmund Freud; de su carta dirigida a Albert Einstein en contestación a su pregunta *"¿Por qué la guerra?"* que éste le había formulado dos meses antes; Septiembre-1932. Documento publicado por UNESCO en Marzo de 1993.)

"El derecho: orden político, es la determinación de la condición y el comportamiento de los sujetos mediante el monopolio de la violencia. Así pues, el derecho: especie de la política, consiste en un orden social de violencia impuesto de forma monopolista." (Iñaki Aginaga.)

El derecho es un *orden político*, que no es lo mismo que la tradicional concepción idealista de un "orden jurídico" normativista. Todo derecho está constituido por la violencia. Sin violencia no hay política, ni derecho, ni derechos humanos, puesto que sin su capacidad de defensa efectiva frente a quienes intentan violarlos, los derechos fundamentales no existen. Por todo ello, oponer el derecho o los derechos humanos a la violencia es también formalmente absurdo. La violencia es constitutiva de toda política y de todo derecho. "El derecho no es un orden no-coactivo, como querría un anarquismo utópico."

Ahora bien, si esa violencia es legítima, es decir: si su finalidad es la defensa y protección de los derechos humanos fundamentales frente a quienes intentan violarlos, entonces el derecho u orden político así constituido mediante el monopolio de esa violencia es un derecho legítimo. En cambio, si la violencia es ilegítima, es decir, si se aplica en la violación de los derechos humanos fundamentales y ante todo contra el primero de todos ellos: el derecho de autodeterminación o independencia de los Pueblos, entonces el derecho constituido sobre esa violencia es – como ella misma – ilegítimo, criminal, imperialista y fascista; como lo es el español y el francés, impuesto militarmente al Pueblo Vasco y a su Estado, el Reino de Nabarra.

La violencia *actual o efectiva* es el fundamento de la violencia *virtual o potencial*, la cual es parte y complemento necesarios de todo derecho. La manifestación de éste: la norma jurídica, consiste en violencia virtual que descansa sobre una violencia actual, puesto que ésta debe ser capaz de imponerse efectivamente sobre un eventual sujeto recalcitrante ante la norma. La violencia – ya sea actual o virtual – de la norma, la sanción y la pena no siguen al delito: lo preceden y constituyen, al determinar de antemano el comportamiento de quienes están sujetos a ellas. Contra lo que la ideología dominante y su versión auxiliar – idealista, ilusionista, hipócrita, contradictoria y oficial – de la política y el derecho pretenden hacer creer, la violencia no "interviene" tardíamente "para apoyar, defender o restaurar el derecho amenazado o conculcado"; no es un medio ocasional, circunstancial y más o menos recomendable o aceptable para obtener fines políticos. Bien al contrario, la violencia – efectiva y potencial – *precede y constituye* el orden y el desorden políticos, el derecho, el Estado y sus leyes o normas, la guerra y la paz. La ley no es la base del Estado sino su componente complementario y tardío.

Como es evidente, las leyes y normas no caen del cielo: "Una norma [ley] nunca se establece por sí misma (éste es un modo fantástico de hablar) [...] como caída del cielo." "La forma de expresión según la cual no gobiernan los humanos sino las normas y leyes" es una fraudulenta manera de solventar los problemas. No son las leyes o normas las que mandan sino quienes las fabrican e imponen: son los humanos quienes hacen e imponen el derecho y sus leyes o normas. La cuestión es cómo ese derecho etc. ha sido instituido; y si se trata de un derecho legítimo, o de un derecho criminal. Todo Estado es un "Estado de derecho": constituido según su propio derecho. Porque, incuestionablemente, también la Alemania de Hitler, la URSS de Stalin o la España de Franco – por citar sólo estos ejemplos – tenían su derecho, sus leyes y sus jueces que las aplicaban...

En definitiva, no son la ley y el derecho los que rigen la política imperialista: es la política imperialista de los dominadores la que, mediante la violencia y la guerra, establece la norma jurídica y el derecho (= derecho positivo), así como la ideología de servicio que justifica todo ello (*'might is right'*), los cuales son meros reflejos de un *orden político* dado; en este caso, de un orden político imperialista y/o totalitario. No hay tal "imperio de la ley"; lo que hay es ley del imperio franco-español. Y todos sabemos cómo: en América a partir de 1492, así como en el Reino de Nabarra a partir de 1200, de 1512 y 1936 (por poner sólo las fechas más señaladas), fue impuesta tanto la ley como la lengua de España:

"[…] el mui reverendo padre Obispo de Ávila me arrebató la respuesta; y respondiendo por mí dijo que después que vuestra Alteza [= Isabel I de Castilla] metiesse debaxo de su yugo muchos pueblos bárbaros y naciones de peregrinas lenguas, y con el vencimiento, aquellos tendrían necessidad de recibir las leyes quel vencedor pone al vencido, y con ellas nuestra lengua; etc. (Antonio de Nebrija; obra citada. Énfasis añadido.)

"Las leyes que el vencedor [im]pone al vencido." Someter a un Pueblo independiente; destruir y hacer tabla rasa de su Constitución, sus leyes y su Estado propios contra toda legalidad nacional e internacional, contemporánea y permanente; e imponerle a continuación "la ley y el Estado que el vencedor [im]pone al conquistado": pretendiendo que eso es – y que a partir de ahí el vencido ha de respetar – "la igualdad, la fraternidad, la convivencia, el diálogo y la concordia", y que desde ese momento "todos son iguales ante la ley", ése es el sarcasmo criminal que el imperialismo español y francés lleva imponiendo a su víctima, el Pueblo Vasco y su Estado: el Reino de Nabarra, desde hace más de ocho siglos hasta el día de hoy.

En realidad, los Españoles y los Franceses, que apelan ahora al "diálogo y la reconciliación" como señuelo para desactivar la Resistencia Nacional y la legítima defensa de los Pueblos a los que intentan aniquilar, son los sucesores y beneficiarios de quienes – no con el diálogo sino mediante la violencia y el Terrorismo sin límites y a ultranza – extendieron por el mundo su ambiciosa y pretenciosa empresa de dominación y "civilización", es decir: de explotación y genocidio. Todo ello basándose en el desprecio de los derechos y las leyes de los demás: de "muchos pueblos bárbaros y naciones de peregrinas lenguas" (Nebrija dixit), y en la creencia de la propia superioridad racial, lingüística y cultural. Españoles y Franceses ni admitieron ni admiten nada que discutir o dialogar sobre ello sino que lo impusieron hasta agotar todos los medios económicos y de violencia de que son capaces: "hasta el último hombre, hasta la última peseta". (A. Cánovas del Castillo, Presidente del Gobierno español, sobre el mantenimiento de la dominación española en Cuba.) Así es como ellos entienden el diálogo, el pluralismo y la reconciliación. Las infames guerras coloniales de Cuba y Filipinas, de Marruecos y Argelia, dan fe de ello.

Bien entendido, el imperialismo es siempre imperialismo: ya sea mongol, francés o hispano, inglés, ruso o chino, y sus consecuencias son la liquidación de los Pueblos sojuzgados. Tratar de evaluar las respectivas "bondades" de cada caso en particular es entrar en un repugnante terreno de masoquismo y perversión. De todos modos, respecto a los respectivos métodos practicados: siempre violentos y criminalescomo la guerra, la rapiña etc., y sobre todo sus consecuencias a largo plazo, parece oportuno recordar la reflexión de J. K. Galbraith respecto al efecto que produce el imperialismo sobre la renta de los pueblos, cuando escribe, no sin ironía, que aquellos que fueron objeto de las respectivas atenciones de la Cuarta Cruzada, Genghis Khan y los hermanos Pizarro son pobres desde entonces.

NACIONALISMO IMPERIALISTA Y SOJUZGAMIENTO DE LOS PUEBLOS: EL COLONIALISMO

En una nueva y desvergonzada vuelta de tuerca, y valiéndose de su monopolio de adoctrinamiento e intoxicación ideológica de masas anexo a su monopolio de la violencia criminal, los ideólogos del Nacionalismo imperialista español y francés, y los apologistas de sus Estados, se pretenden – cuando le conviene – cosmopolitas y universalistas, adversarios de los "nacionalismos identitarios", y partidarios de una "ciudadanía no-identitaria". Pero estos "universalistas" son los herederos y continuadores de quienes, incapaces de comprender a los demás como personas, han ocupado su historia tratando de imponer a sangre y fuego su propia identidad nacional al mundo entero. Tal basura es muestra de la distorsión y falsificación ideológica que ejercen sobre este Pueblo indefenso y traicionado por su pretendida *intelligentsia* y clase política. En realidad, el Nacionalismo imperialista es siempre partidario de su propia identidad y adversario de la identidad de los demás: cuyos signos o fundamentos identitarios trata de destruir y substituir por la suya propia utilizando todos los medios, la Violencia y el

Terrorismo de preferencia.

Pero, como es evidente, todo Pueblo tiene el derecho de vivir en su propia lengua y cultura, y en su propio territorio: "Por lo tanto, mientras Polonia siga repartida y sojuzgada [como lo está el Reino de Nabarra], no puede haber desarrollo ni de un poderoso partido socialista dentro del propio país, ni de relaciones internacionales genuinas [...]. Todo campesino y obrero polaco que despierta de su sopor para participar en el interés común queda confrontado ante todo con el hecho de su sojuzgamiento nacional; ése es el primer obstáculo que él encuentra en todas partes. Su eliminación es el requisito principal para cualquier desarrollo libre y saludable. Los socialistas polacos que no ponen la liberación del país a la vanguardia de su programa, me recuerdan a esos socialistas alemanes que se mostraron reacios a exigir la derogación inmediata de la Ley Anti-Socialista, y la libertad de asociación, reunión y prensa. Para poder luchar, primero debes tener un terreno, luz, aire y libertad de acción. De lo contrario, nunca llegas más lejos que a un parloteo." (Friedrich Engels, de su carta a Karl Kautsky; Londres, 7-Febrero-1882.)

La Nación "extra-territorial", sin territorio ni identidad, no existe ni puede existir: ni aquí ni en ninguna parte, no más que un cuerpo sin dimensiones. Sólo los agentes, colaboradores y cómplices del Imperialismo pueden pretender definir el Pueblo por el territorio, en lugar de definir el territorio por el Pueblo que pacíficamente y con todo derecho lo habita, y que es portador de su propia cultura e identidad nacional:

"La Conferencia General de la ONU para la Educación, la Ciencia y la Cultura, [...] *Proclama* la presente Declaración de los Principios de la Co-operación Cultural Internacional, con el fin de que los gobiernos [...] puedan alcanzar gradualmente, como se afirma en la Constitución de la Organización – mediante la co-operación de las naciones del mundo en las esferas de la educación, la ciencia y la cultura – los objetivos de paz y prosperidad enunciados en la Carta de las Naciones Unidas: *Artículo primero:* 1. Toda cultura tiene una dignidad y un valor que tienen que ser respetados y protegidos. 2. Todo pueblo tiene el derecho y el deber de desarrollar su cultura. 3. En su fecunda variedad,

en su diversidad y por la influencia recíproca que ejercen unas sobre otras, todas las culturas forman parte del patrimonio común de la humanidad." Etc. (Declaración de la UNESCO; 1966.)

"La Asamblea General, [...] *Afirmando* el derecho soberano de cada Estado [legítimo] a formular y aplicar, con arreglo a sus propias condiciones y necesidades nacionales, las políticas y medidas conducentes a realzar sus valores culturales y su patrimonio cultural, *Reconociendo* que el carácter único de cada cultura se deriva de una multiplicidad de influencias operando en una extendida escala de tiempo, *Considerando* que el valor y la dignidad de cada cultura así como la capacidad para preservar y desarrollar su carácter distintivo, constituye un derecho básico de todos los países y pueblos, [...] *Convencida* de que [...] deben darse todos los pasos necesarios hacia la preservación, el enriquecimiento y superior desarrollo de las culturas y modos de vida nacionales, [...], 1. Insta a los Gobiernos a que hagan de los valores culturales, tanto materiales como espirituales, una parte integrante de los esfuerzos en pro del desarrollo," etc. [UNGAR 3148 (1973)]

"La Conferencia General, Comprometida con la plena realización de los derechos humanos y de las libertades fundamentales proclamadas en la Declaración Universal de Derechos Humanos y en otros instrumentos universalmente reconocidos, como los dos Pactos Internacionales de 1966 relativos uno a los derechos civiles y políticos y el otro a los derechos económicos, sociales y culturales, *Recordando* que en el Preámbulo de la Constitución de la UNESCO se afirma '[...] que la amplia difusión de la cultura y la educación de la humanidad para la justicia, la libertad y la paz son indispensables a la dignidad de la persona humana y constituyen un deber sagrado que todas las naciones han de cumplir con un espíritu de responsabilidad y de ayuda mutua', [...], *Reafirmando* que la cultura debe ser considerada el conjunto de los rasgos distintivos espirituales y materiales, intelectuales y afectivos que caracterizan a una sociedad o a un grupo social y que abarca, además de las artes y las letras, los modos de vida, las maneras de vivir juntos, los sistemas de valores, las tradiciones y las creencias, *Constatando* que la cultura se encuentra en el centro de los debates contemporáneos sobre la identidad, la cohesión social y el desarrollo de una economía fundada en el saber, [...], Proclama los principios siguientes y aprueba la siguiente Declaración: *Artículo 1 - La diversidad cultural: patrimonio común de la humanidad"* etc. (UNESCO; Declaración Universal sobre la Diversidad Cultural; 2 de Noviem-

bre de 2001.)

El colonialismo es el imperialismo de población: un Pueblo desplazando, excluyendo y substituyendo a otro de su propio territorio. Todo Pueblo tiene derecho a una patria, pero no hay patria sin territorio. Toda población humana o animal defiende su territorio contra el imperialismo y el colonialismo. Todo imperialismo que pretenda perdurar debe necesariamente imponerse a la población primitiva o precedente, y sustituirla por la propia colonización. (Américas, Tíbet.) Las condiciones y normas internacionales de desplazamiento, acceso y establecimiento de poblaciones: normativa oficial según las NU, implican el respeto de la soberanía, la libertad nacional y el derecho de autodeterminación del País de acogida. Todos los Pueblos y Estados – grandes y pequeños, poblados y despoblados – reivindican para sí mismos e imponen estas condiciones; ya sea Francia o España, China o el Gran Ducado de Luxemburgo. En cualquier caso, los alógenos que llegan a un País ajeno no respetan a un Pueblo que no se respeta a sí mismo y que no ofrece resistencia al imperialismo, ni menos aún se incorporan a él.

El colonialismo invierte las normas internacionales de migración: en lugar de aceptar las leyes de acceso e integración del País receptor, el advenedizo impone las suyas, se lo atribuye como propio, y hace del indígena un extranjero a liquidar, asimilar o expulsar. Los colonos: parte del País imperialista que se ha impuesto sobre el País dominado, se pretenden naturales del País colonizado. Ante la Resistencia nacional del Pueblo dominado, pretenden que ellos son las víctimas, y que los autóctonos resistentes son sus verdugos. Es el mundo al revés del colonialismo.

La colonización de población es, junto con el exterminio y la deportación, el arma absoluta de la política Nacionalista-imperialista de hechos consumados. "La inmigración es el terrorismo del siglo XXI", según el Gobierno español; pero el Nacionalismo imperialista español no sólo construye el concepto y aplica el término de "terrorismo" según le conviene sino que ha practicado siempre la política demográfica que le permite desarrollar su propio Nacionalismo despótico. Todos los Nacional-imperialistas y sus Gobiernos imponen "la dislocación, la fusión, la asimilación y el mestizaje" si se encuentran en proporción ventajosa para hacer esto a su favor, y lo rechazan cuando los números están en su contra.

Todo régimen imperialista o colonialista se funda y reposa sobre la violencia criminal y el terror; sobre fuerzas armadas permanentes de guerra y ocupación. No se ganan las guerras, no se construyen los imperios, no se somete, oprime, reprime y destruye los Pueblos mediante la gratificación, la persuasión, el diálogo y el respeto de los derechos humanos, las normas y actitudes humanitarias, los buenos sentimientos altruistas y filantrópicos, la piedad y la compasión sino mediante la agresión, la guerra, la ocupación y la violencia de fuerzas armadas, la conquista, el desmembramiento y la anexión de Estados, el bombardeo y la destrucción de ciudades, la colonización y la deportación de poblaciones civiles, la represión y el Terrorismo sistemático de masas, la tortura y el asesinato, y – en fin – mediante la conculcación de todos los derechos humanos fundamentales y en especial por la negación teórica y práctica de la libertad o independencia de los Pueblos y de todo el derecho internacional.Una invariable experiencia histórica demuestra que allí por donde el imperialismo pasa, el derecho a la vida, a la libertad de pensamiento y los derechos humanos en general son hierbas que dejan de crecer y de existir. La negación de los derechos humanos fundamentales es constitutiva del imperialismo y de su especie colonialista.

Abierta o encubiertamente, todos los Estados colonialistas: capitalistas o comunistas, blancos o negros, cristianos, musulmanes, judíos o paganos, tratan de eliminar a sus colonizados según el momento y los medios de que disponen. Donde la pura violencia y los fusilamientos no logran directa e inmediatamente el exterminio del Pueblo sojuzgado, el monopolio de la violencia – resultante de la guerra y la ocupación – permite cambiar la base demográfica del País ocupado y conseguir su liquidación en diferido. La substitución, la liquidación de Pueblos mediante hambre, enfermedad, colonización, expulsión, exclusión y asimilación; los desplazamientos, asentamientos y deportaciones; la repoblación, plantación, implantación y transplantación de poblaciones son medios conjunta o sucesivamente aplicados, diversamente directos, eficaces, rápidos, completos y seguros; son recursos del imperialismo que consolidan y hacen actual o virtualmente irreversibles la ocupación y la anexión. Sólo la colonización, la asimilación y la exclusión de los Pueblos sojuzgados consolidan la ocupación militar y la anexión de sus Estados.

Todos los Estados que han sometido a Pueblos a su dominación política, utilizan ésta para cambiar la base demográfica del País ocupado, como medio concurrente para acabar radicalmente con la Resistencia Nacional y con el País mismo. A este respecto:

"*La Asamblea General*, [...], *Preocupada* por la política de las Potencias coloniales que ponen en jaque los derechos de los Pueblos coloniales al favorecer la afluencia sistemática de inmigrantes extranjeros y al dispersar, deportar y trasladar a los habitantes autóctonos, [...]; 5. *Hace un llamamiento* a las Potencias coloniales para que pongan fin a su política, que viola los derechos de los pueblos coloniales con la afluencia sistemática de inmigrantes extranjeros y con la dispersión, la deportación y el traslado de los autóctonos; [...]; 8. *Pide al Comité* Especial que preste suma atención a los territorios pequeños y que recomiende a la Asamblea General los medios más adecuados y las medidas que convenga adoptar para que las poblaciones de estos territorios puedan ejercer plenamente sus derechos a la libre determinación y la independencia;" etc. [UNGAR 2105 (1965)]

"*La Asamblea General*, [...], *Preocupada* ante la política seguida por las Potencias coloniales de desconocer los derechos de los Pueblos coloniales al favorecer la afluencia sistemática de inmigrantes extranjeros y al desplazar, deportar o trasladar a los habitantes autóctonos, [...]; 13. *Condena* las políticas seguidas por ciertas Potencias administradoras en los Territorios bajo su dominación, consistentes en imponer regímenes y constituciones no-representativos, [...], engañar a la opinión pública mundial y fomentar la afluencia sistemática de inmigrantes extranjeros mientras desplazan, deportan y trasladan los habitantes indígenas a otras áreas, e insta a esas Potencias para que desistan de tales maniobras;" etc. [UNGAR 2189 (1966)]

"La Asamblea General, [...], *Reafirmando* que todos los pueblos tienen el derecho a la libre determinación e independencia, y que la sujeción de los pueblos a la dominación extranjera constituye un serio obstáculo para el mantenimiento de la paz y la seguridad internacionales y para el desarrollo de relaciones pacíficas entre las naciones, 1. *Declara* que la continuación del colonialismo en todas sus formas y manifestaciones es un crimen que viola la Carta de las Naciones Unidas, la Declaración sobre la Concesión de la Independencia a los Países y Pueblos Coloniales y los Principios de derecho internacional; 2. *Reafirma* el derecho inherente de los pueblos coloniales a luchar por todos los medios necesarios de que puedan disponer contra las Potencias coloniales que reprimen sus aspiraciones de libertad e independencia; 3. *Adopta* el siguiente programa de acción para asistir en la completa implementación de la Declaración sobre la Concesión de Independencia a los Países y Pueblos Coloniales: [...](4)[...]; dichas medidas tendrán también por objeto evitar la afluencia sistemática de inmigrantes extranjeros a los Territorios coloniales, lo cual quebranta la integridad y la unidad social, política y cultural de los pueblos bajo dominación colonial." Etc. [UNGAR 2621 (1970)]

Frente a todo ello, los ideólogos, "especialistas" y demás teóricos oficiales del imperialismo encargados de distorsionar el derecho internacional (pagados y propiciados por los servicios de propaganda – mediática o universitaria – gubernamentales) "interpretan", ocultan, falsifican y mutilan estas normas que, por su parte, los Estados que las han oficialmente adoptado, combaten. Combinada con las massacres y otros medios de aniquilación, continúa así la política seguida por las Potencias coloniales mediante el colonialismo.

Así pues, "la política seguida por las Potencias coloniales, que ponen en jaque los derechos de los Pueblos coloniales al promover la afluencia sistemática de inmigrantes extranjeros y la dislocación, la deportación o el traslado de los habitantes autóctonos, quebranta la integridad y la unidad social, política y cultural de los Pueblos bajo dominación colonial". Pero los eufemismos, las declaraciones piadosas, y las normas ilusorias e hipócritas de las postuladas organizaciones internacionales no pueden impedir, remediar u ocultar la realidad. El imperialismo nacionalista, que niega la libertad, el derecho de autodeterminación o independencia, y la existencia misma del Pueblo colonizado, logra igualmente su objetivo destruyendo su base sociológica al promover y llevar a cabo bajo ocupación armada la afluencia sistemática de colonos para afirmar su conquista; reduciendo o aniquilando al Pueblo colonizado.

Una invariable constatación muestra que allí donde se produce el asentamiento de una población colonial, si ésta alcanza proporciones relativamente importantes por la afluencia de colonos al amparo de un régimen de ocupación armada, dicha población rechaza la libertad nacional y el derecho de autodeterminación del Pueblo sojuzgado, reivindica como propios el territorio y el Pueblo colonizados, y su mayor parte pretende rápidamente la dominación política erigiéndose en dueña y señora del territorio ocupado como parte de su propia Nación de origen. Y si cuenta con el número, los recursos y el tiempo, y dispone del suficiente apoyo local y metropolitano para la degradación, la expulsión, la asimilación o el exterminio del Pueblo primitivo sobre el territorio ocupado, entonces no se limita a "perturbar" sino que finalmente destruye la base sociológica del Pueblo originario primitivamente asentado. En tales casos, tras las deportaciones e implantaciones de población, la falsificación del derecho de autodeterminación y el recurso a un llamado "plebiscito o referéndum" (celebrado bajo ocupación militar o en cualquier caso manteniendo todas las consecuencias creadas por ella), son los desvergonzados trucos utilizados para camuflar el imperialismo colonialista y nacionalista tras un falso procedimiento "legal y democrático".

Tras la derrota de Alemania en la Primera Guerra Mundial, el "plebiscito de autodeterminación" de Prusia Oriental: celebrado en 1920 bajo ocupación militar para determinar si la población de esa región deseaba permanecer en Alemania o ser parte de Polonia, proporcionó los resultados que cabía esperar y que aportaron su granito de arena al conjunto de causas que desencadenaron la siguiente Guerra Mundial. Por ejemplo, su resultado en la actual ciudad polaca de Olsztyn – llamada Allenstein en Alemán, desde que los Caballeros Teutónicos la fundaron como plaza fuerte para lanzar su Cruzada contra los antiguos Prusianos autóctonos – es revelador de lo que acabamos de exponer: 362,209 votos – el 97.80% – fueron a favor de permanecer en Alemania, y 7,980 votos – el 2.2% – fueron para Polonia; "por tanto" Allenstein permaneció en Alemania. Hoy forma parte felizmente de Polonia. Tras la derrota nazi, todos aquellos colonos alemanes: cuyos antepasados habían llegado a Prusia Oriental por la fuerza de las armas y bajo la protección ideológica de bulas papales e imperiales (armas en las que ellos mismos siguieron apoyándose, si bien invocando ahora la protección ideológica del nazismo), fueron expulsados al igual que ocurrió en los Sudetes, que Hitler había anexionado a Alemania invocando esta forma falsificada del derecho de autodeterminación.

En particulares condiciones y circunstancias (como ocurrió en las colonias americanas, por ejemplo), si la relación de fuerzas y los factores de poder se modifican a su favor, los colonos – simple parte y prolongación de su Estado y de su propia Nación de origen, de los cuales dependen para todo – impulsan y pretenden su dominación directa sobre los Pueblos ocupados y colonizados, condenados así a la sumisión y el exterminio. Lo que lleva en algunos casos a la rebelión, la guerra civil o el golpe de Estado de los mismos colonos, que buscan y eventualmente logran su propia independencia de la madre-patria, como resultado del conflicto añadido y generado por la frustración y la desesperación ante el abandono – real o imaginario – de que ella los hace objeto. (Es el caso de las independencias de los Países americanos colonizados por los Europeos.) La opresión sobre los Pueblos indígenas colonizados a manos de los colonizadores aumenta con ello; lo cual lleva eventualmente a la aproximación de todos o parte de aquéllos a la lejana Potencia colonial: la alianza de los indígenas con la metrópoli en contra de los colonos es una paradójica, precaria, equívoca y ocasional consecuencia.

El racismo es la afirmación teórica y práctica de la relación fundamental de superioridad e inferioridad entre unas razas y otras, establecida como un instrumento ideológico-político destinado a justificar el sojuzgamiento, la opresión y explotación de las "inferiores" por las "superiores", según se pretende para cada caso. Más o menos estrechamente implicada o vinculada con aquélla, la misma afirmación teórica y práctica se da en materia de lingüística, cultura, economía, derechos humanos y política.

Equivalente al nacionalismo imperialista en la política, surge también el nacionalismo idiomático, cuya ideología establece la exaltación de la lengua propia del pueblo dominante y la presenta como superior a las lenguas de las naciones dominadas:

"La misión de la Educación Nacional es acabar con las lenguas regionales." "Nuestra labor es ayudar a las lenguas minoritarias a morir dulcemente." (A. Morvan.) "En espera del día feliz en que el mundo entero hablará Francés." (E. Zola.)

En nuestro caso y bajo tan favorables circunstancias, he aquí que los protagonistas del Nacionalismo imperialista, colonialista, xenófobo y racista español y francés se dicen no-Nacionalistas, y acusan de xenofobia, racismo, nacionalismo e imperialismo a los Pueblos que ellos tienen sometidos.

Los sucesores de quienes llevaron agresión, guerra, muerte y destrucción a Razas, Pueblos, Naciones, Lenguas y Culturas a escala Continental y trans-Continental (lo cual jamás han condenado sino que lo reivindican), por "irónica incongruencia" y una inversión de papeles sin precedentes; dueños y señores o al abrigo de los monopolios de violencia, terror y propaganda; y alentados y envalentonados por la incapacidad política, la hipocresía, la corrupción, la alienación ideológica y la traición de su prefabricada "oposición vasca" periférica armada y desarmada, se presentan ahora como no-violentos y pacíficos demócratas de toda la vida. Los imperialistas y los fascistas que siguen agrediendo a los Pueblos que mantienen sojuzgados, se presentan como servidores de la no-violencia y los derechos humanos, se pretenden atacados, y claman su indignación por la persecución que supuestamente sufren "por el solo hecho de pensar de manera diferente y defender sus ideas – todas legítimas y respetables – con la pluma y la palabra, oponiendo la cultura a la violencia".

Pero, según se comprueba constantemente, los ideólogos religiosos, civiles o militares del Nacionalismo imperialista y fascista no son honrados teóricos u hombres de ciencia, ni menos todavía gentes de bien que se limitan a "pensar de forma diferente" y a "defender sus ideas sin más armas que la cultura, la pluma y la palabra", como sus servicios indígenas y "autónomos" de intoxicación ideológica de masas pretenden hacernos creer, ni nadie los persigue por ello. Bien al contrario, son ellos quienes, tras haber establecido el régimen político que les conviene por medio de la guerra, el monopolio de la violencia criminal y el Terror (lo cual es su constitución real y primaria), así como por las posteriores "leyes y Constituciones" formales y secundarias que justifican todo ello en petición de principio, a continuación encarcelan, destierran, torturan, cuelgan, fusilan y silencian desde hace siglos a todo el que no piensa y actúa como ellos.

El "derecho" que ahora reclaman "para sus plumas y sus palabras" es en realidad el derecho monopolista, unilateral y absoluto: sin déficit ni contestación posibles – por marginales que sean – gracias a su ocupación militar, para imponer su propia ideología; la cual presentan como neutral, general y democrática pero que es complemento del totalitarismo político imperialista franco-español de siempre. Un totalitarismo imperialista al que ahora, con la complicidad de los traidores, desaprensivos, corruptos y/o cretinos colaboracionistas locales, ellos llaman "convivencia, concordia, democracia" etc.

Hace mucho tiempo que en este País "el libre pensamiento y la libre comunicación de las ideas" están reservados a las clases dominantes del Nacionalismo imperialista español y francés, junto con sus cómplices locales. En cuanto políticos, todos ellos son agentes, partícipes, cómplices, encubridores y/o beneficiarios – notorios y convictos – de la rapiña y los crímenes de guerra, contra la paz y contra la Humanidad que constituyen el actual régimen imperialista franco-español que sojuzga nuestro País. Y en cuanto ideólogos, son mentirosos, difamadores, falsarios y embaucadores, tramposos y fulleros, y jugadores de ventaja habituales o profesionales.

Las personas decentes, las gentes de bien, no hablan con los criminales imperialistas y fascistas que continúan o pretenden que continúe la empresa de dominación del Pueblo Vasco bajo el Nacionalismo imperialista español y francés y sus Estados totalitarios de ocupación militar, y que han ensangrentado y oprimido nuestro Pueblo y nuestro País desde hace doce siglos; menos todavía pueden hacerlo quienes ejercen funciones y asumen responsabilidades ideológicas y políticas. No hay diálogo sin reconocimiento y aceptación de la alteridad, y el imperialismo es su antítesis: es la negación y el rechazo de la alteridad; es la liquidación del Pueblo sojuzgado y de sus derechos fundamentales e imprescriptibles mediante la violencia criminal.

En los humanos, la agresividad intraspecífica, es decir: la dirigida hacia el interior de la propia especie, parece incluso estimular sus impulsos más crueles. Invasiones de unas naciones por otras, hecatombe de vidas humanas, genocidios, éxodos... Estamos acostumbrados a tratar con respeto a personas que cometen estas atrocidades contra la humanidad, y tendemos a admitir su talla política sólo porque están al mando de un Estado. Vemos natural que, mientras masacran seres humanos lanzando bombas sobre sus casas y hospitales, vulnerando los derechos humanos fundamentales, estos 'grandes hombres' sean reconocidos y admitidos por sus 'grandes' homólogos, quienes cuando les conviene no dudan en llamarlos "criminales de guerra" al mismo tiempo que anotan reuniones con ellos. Estamos tan acostumbrados a ver este tipo de acontecimientos, que somos incapaces de percibir no sólo el cinismo de quienes dicen rechazar cualquier violencia mientras aspiran a tener el mundo en sus garras, sino también de cuán estúpido es el comportamiento de la humanidad, tanto en el pasado como en la actualidad, ya que, "con inmunidad de rebaño", acepta la situación y parece lejos de acometer una real revolución interior. Y esta visión es aún peor si consideramos la cada vez mayor capacidad de destrucción de las armas, y la división de la humanidad en unos pocos campos políticos que aspiran a la dominación Nacional-imperialista universal. El ser humano debe ser capaz de detenerse y observar su propia naturaleza, así como el pensamiento del cual derivan sus conflictos y la amenaza de extinción para la humanidad: el imperialismo y el nacionalismo imperialista.

A diferencia de los otros animales, el humano ha eliminado las inhibiciones – ya sean naturales, innatas o culturales – de su agresividad intraspecífica; y junto con las armas, ha inventado y desarrollado además la crueldad y el fanatismo. En principio, los grupos humanos odian a otros humanos porque son diferentes. En rigor, su odio a la diversidad hace que prefieran matar, robar y torturar a las otras Razas, Tribus o Naciones distintas de la suya; pero en esta preferencia no hay nada de estrecho, humillante, discriminante o excluyente hacia sus propios compatriotas o correligionarios, a los que – si están debidamente estimulados por un determinado condicionamiento ideológico – matan, roban y torturan cuando pueden con no disimulada satisfacción. Nadie ha matado tantos Americanos USA como sus propios compatriotas en una sola Guerra entre los Estados. Nadie ha perseguido, atormentado y quemado vivos tantos Cristianos como los Cristianos. Nadie ha encerrado, torturado y ejecutado tantos Comunistas como los Comunistas. Nadie ha encarcelado, torturado y asesinado tantos Españoles como el General Franco; uno de cuyos sucesores en el generalato español, y declarado admirador de él, ha afirmado recientemente que se quedaba corto en su deseo y necesidad de fusilar a 26 millones de Españoles.

"¿Por qué los individuos étnicos se desprecian en general unos a otros, se odian, se execran? Éste es un misterio cuyo significado se me escapa. Es como si bastara con que un gran número de humanos – por no mencionar millones – se encontraran reunidos, para que todos los logros morales de los individuos que los componen desaparecieran inmediatamente, y que no quedaran sobre el lugar otra cosa que las actitudes psíquicas más primitivas, las más antiguas, las más brutales." Etc. (Sigmund Freud; *Consideraciones actuales sobre la guerra y la muerte*, 1915.)

De hecho, la ciencia y la razón han estado siempre en los humanos al servicio de los instintos y la afectividad, y no hay razón para creer que esto vaya a cambiar en el porvenir. En contra de lo que algunos pensadores contemporáneos opinan, el patrón de comportamiento que sirve al bienestar de la comunidad frente al del individuo no es específicamente humano sino que es muy anterior a nuestra existencia como especie:

"El amor procede de una inhibición socialmente funcional del instinto de agresión. El humano no ha inventado ni la solidaridad intra y extraespecífica, ni el respeto y la protección de los más débiles, ni la consideración y el respeto entre los sexos. No ha inventado el amor, ni el altruismo, ni el espíritu de sacrificio, ni la personalidad que los condiciona.

"Los humanos son capaces de todo: de lo mejor y, sobre todo, de lo peor. Pero lo mejor tiene, a menudo, precedentes y fundamento en los demás animales. En cambio lo peor se lo montan los humanos, sin preparación ni ayuda de nadie. La aportación más original de la especie humana al reino animal no está en el amor al prójimo, está en el odio al prójimo. Es en la agresión, la muerte, la destrucción, el sufrimiento, la venganza, la crueldad y el mal por el mal: gratuitamente infligidos sin servicio ni compensación sociales a favor de la especie, donde el humano, gracias a su superioridad cultural, sobrepasa todos los límites y se sitúa por encima de todas las especies.

"La especie humana es la más incurablemente agresiva y destructiva que evolución, mutación y selección zoológicas han originado sobre el planeta Tierra; la especie más destructora de la ecología, el reino vegetal y el reino animal, de las demás especies zoológicas y de sí misma que nunca ha existido. Además de atacar sistemáticamente el equilibrio geológico del planeta, su acción rompe los equilibrios extraspecíficos y destruye las inhibiciones intraspecíficas de su agresividad funcional. El humano es un animal débil y desarmado cuyo instinto de agresión ha sido potenciado – no limitado – por el desarrollo cultural. La interacción del miedo y la agresividad ha hecho del humano el más conflictivo y peligroso animal de presa. El humano es el peor enemigo del humano. Su naturaleza determina relaciones intraspecíficas de conflictividad exorbitante y agresividad excepcional: es la única forma de convivencia que todos los humanos son capaces de entender. A pesar de todos los terribles desastres y sufrimientos que éstos han obtenido como resultado de su repugnante comportamiento, no sólo son demasiado dañinos sino también demasiado estúpidos como para descubrir, inventar y adoptar otro.

"Las luchas intraspecíficas implican un peligro mucho mayor y más inminente para la supervivencia de los humanos que para cualquier otro animal. Gracias a su desarrollo cultural, la Humanidad ha inventado las luchas y las guerras – nacionales e internacionales – de religión y de clases; la represión, el terrorismo y la tortura. Quien ha visto o aprendido lo que son el comportamiento de un ejército de guerra o de ocupación, una persecución religiosa, cruzada o guerra santa, o una represión nacional, sabe de qué va la superioridad humana sobre las fieras y las ratas. Las tomas y matanzas de San Juan de Acre y de Jerusalén, de Béziers y de Montsegur, la matanza de San Bartolomé, las guerras de conquista, las luchas de clases nacionales o internacionales, los genocidios continentales e inter-continentales, la Inquisición, el Tribunal de la sangre, la Justicia Real o Republicana, los autodafés, la demonología, la caza de brujas, las bombas incendiarias o nucleares sobre ciudades abiertas, y el terrorismo universal organizado por los 'grandes'

Estados, son el incomparable, catastrófico e irremediable producto de la cultura humana, de la irracionalidad, el odio y la crueldad de que sólo el humano es capaz.

"'La expansión y concentración tendencialmente ilimitadas de la especie humana son muy superiores a su capacidad de evolución, adaptación y organización. En virtud del progreso cultural y técnico, su conflictividad inherente aumenta en vez de disminuir. Su aptitud para destruir es muy superior a su aptitud para construir y reconstruir. La Humanidad afronta problemas sin precedentes en el reino animal. Para ella no hay solución filogenética ni ontogenética, ni cultural ni política; puede, todo lo más, ir tirando con lo que hay, resignándose a la catástrofe final para la que acumula todas las determinantes. Tiene en sí misma la llave de su propia destrucción: su autodestrucción es perspectiva mucho más razonable que su reconciliación. No corre hacia un inevitable desarrollo feliz de la historia sino hacia la catástrofe final.

"Contra lo que las ideologías bien o mal intencionadas quieren hacer creer, los seres humanos: individual o colectivamente considerados a escala sociológica, no son naturalmente buenos, justos, nobles, altruistas, sociables, pacíficos y amantes de la verdad hasta que – por desgraciadas contingencias y circunstancias históricas – el despotismo, el imperialismo, el mercantilismo o el capitalismo los pervirtieron. Bien al contrario, son naturalmente malos, injustos, egoístas, ladrones, violentos, agresivos, crueles, mentirosos, ambiciosos, avaros, vanidosos, interesados, envidiosos, tramposos, desagradecidos y traicioneros, entre otras cualidades; la mayor parte de las cuales son la aportación de la especie humana al desarrollo animal sobre la Tierra. Las ideologías/religiones más o menos idealistas, moralistas, optimistas, utopistas, proyectistas o prospectivistas se han revelado incapaces contra ello. Es así como estoicismo, cristianismo, racionalismo, cientismo, humanismo, escepticismo, evolucionismo, liberalismo, anarquismo, socialismo o comunismo: más o menos 'científicos' y consecuentes, finalmente son o devienen instrumentos cínicos o hipócritas de propaganda y guerra psicológica al servicio de las Potencias dominantes, y para la sujeción de los Pueblos dominados por el imperialismo de ellas." (Publicaciones Iparla.)

El Imperialismo, el Nacionalismo y el Colonialismo de las Potencias dominadoras – y pretendidamente civilizadas – sobre los Pueblos sojuzgados son el cáncer que amenaza constantemente la paz y la cooperación inter-nacionales, y finalmente la propia supervivencia de la especie humana. El único antídoto que puede evitar su pavoroso destino de auto-destrucción es la afirmación teórica y práctica de los derechos humanos fundamentales, y el primero – y la condición previa – de todos ellos es la Autodeterminación o Independencia de todos los Pueblos en pie de igualdad; lo que implica la implementación real de ese derecho imperativo (*'ius cogens'*) de autodeterminación o independencia de los Pueblos sojuzgados, es decir: la evacuación incondicional e inmediata de todas las fuerzas militares y los aparatos de sojuzgamiento extranjeros que ocupan sus Territorios, Países y Estados.

LAS REVOLUCIONES DE LA EDAD CONTEMPORÁNEA, AL SERVICIO DEL IMPERIALISMO SOBRE LOS PUEBLOS SOJUZGADOS

"Llamando a la independencia de Polonia una 'utopía', y repitiéndolo *ad nauseam*, Rosa Luxemburg exclama con ironía: ¿Por qué no plantear la demanda de la independencia de Irlanda?" (V. Lenin; *'El derecho de las Naciones a la Autodeterminación',* 1914.)

La incapacidad de algunos sentenciosos doctrinarios del materialismo histórico y el llamado socialismo científico para comprender los derechos de los Pueblos sojuzgados y admitir – ¡no digamos reivindicar! – su independencia, ha sido históricamente una funcional consecuencia adaptativa de su innato y "natural" Nacionalismo, como miembros que eran (a veces adoptivos, tras haber renegado de la suya propia) de Naciones cuyo carácter imperialista era una cuestión que ellos no sólo eran incapaces de percibir y mucho menos plantear sino que ayudaron a ocultarla, mediante sus teorizaciones y dogmas mecanicistas y reduccionistas sobre "la lucha de clases y la solidaridad del frente obrero por encima de las Naciones".

Sin embargo, y como nos muestra la cita que acabamos de indicar, la permanencia de la realidad de esos Pueblos y Naciones sojuzgados, y la reivindicación de su independencia nacional, han puesto a esos doctrinarios en ridículo para la posteridad, junto con sus flagrantes dogmatismos sectarios e imperialistas. La que para ellos era una inconcebible, risible y "utópica" independencia de Polonia e Irlanda, iba a hacerse realidad tan sólo unos pocos años más tarde.

Y es que "Los Pueblos resisten, luego existen. No son Pueblos sólo porque existen; lo son y existen porque resisten: la Resistencia es su modo de existencia. Su Resistencia misma hace que 'un Pueblo sea un Pueblo', identificable bajo la agresión, la ocupación militar y el Terrorismo imperialistas". (Iñaki Aginaga)

Es preciso tener en cuenta que las formulaciones teóricas sobre las que se han basado las "grandes" revoluciones de la Edad Contemporánea, al haber sido desarrolladas por pensadores de Países no dominados sino dominantes e imperialistas del mundo occidental (quienes se atribuían además una condescendiente – y falsa – superioridad moral y teórico-cultural de profundas raíces racistas, que "justificaba" su desprecio hacia los Pueblos sojuzgados), han "olvidado" esa realidad fundamental y patrón dominante del imperialismo como lucha internacional de clases impulsada por esas Potencias dominantes contra las naciones dominadas; y han ocultado muy oportunamente que la empresa de dominación imperialista ha sido históricamente apoyada también por los pueblos de las naciones opresoras, los cuales se han beneficiado de ella:

"Usted me pregunta qué piensan los obreros ingleses sobre la política colonial. Pues exactamente lo mismo que piensan acerca de la política en general: lo que piensa el burgués. Aquí no hay partido obrero; sólo hay conservadores y liberales-radicales, y los obreros participan alegremente en el festín del monopolio de Inglaterra sobre el mercado mundial y las colonias." (F. Engels, de su carta a K. Kautsky; 12-Septiembre-1882.)

A pesar de ello, las formulaciones teóricas de dichos pensadores-ideólogos habían consistido básicamente en la interesada y sistemática ignorancia/ocultación/negación del imperialismo de esas "grandes" Potencias sobre los Pueblos autóctonos y sus Estados: no sólo del "tercer mundo" sino de todos los Continentes. Pueblos y Estados que esas Potencias imperialistas, tras haberlos sojuzgado por la violencia e incontables crímenes imprescriptibles, mantienen todavía en esa situación mediante el trucaje y la falsificación de los conceptos teóricos fundamentales de la sociología y la política; un mecanismo y un sistema teóricos que son el objeto específico de la ideología imperialista.

Efectivamente, desarrollada e instigada por los teóricos y propagandistas de esas Potencias agresoras, se introduce así la intoxicación ideológica entre los Pueblos sojuzgados en forma de fanatismo y sectarismo de esas doctrinas supuestamente liberadoras. El cometido y el resultado práctico de esos propagandistas son la ocultación y preservación del Nacionalismo imperialista de las Naciones agresoras: el cual es la opresión y contradicción fundamental. Esta contradicción queda así "olvidada" en aras y en nombre de la fanática exaltación que produce la "nueva doctrina de liberación universal". Esto actúa por desgracia como un mecanismo pernicioso contra la liberación de esos Pueblos: provocando la división interna de ellos e impidiendo la cohesión política de todo el Movimiento de Liberación contra la dominación imperialista, cuando la unión contra ella queda supeditada a la instauración del correspondiente dogmatismo y fanatismo sectario; ya sea cristiano, musulmán o social-comunista.

"En una carta del 20 de noviembre de 1868, Engels señalaba 'el odio hacia los irlandeses que existe entre los obreros ingleses', y casi un año más tarde (24 de octubre de 1869), volviendo a este tema, él escribía: *Il n'y a qu'un pas* [no hay más que un paso] de Irlanda a Rusia... La historia irlandesa muestra qué desgracia es para una nación el haber sojuzgado a otra. Todas las abominaciones de los ingleses tienen su origen en el Estacado [o Empalizada] irlandés. Todavía no me he abierto camino a través del periodo cromwelliano, pero esto sí me parece cierto: que las cosas habrían tomado otro giro, también en Inglaterra, si no hubiera sido por la necesidad de establecer un régimen militar en Irlanda y crear una nueva aristocracia allí'. [...]. La clase obrera de Inglaterra no podrá liberarse mientras Irlanda no se libere del yugo inglés. La reacción en Inglaterra está reforzada y fomentada por el sojuzgamiento de Irlanda (¡del mismo modo que la reacción en Rusia está fomentada por el sojuzgamiento de una serie de naciones!)." (Vladimir Lenin; *'El Derecho de las Naciones a la Autodeterminación'.*)

Nota: la aberración creada por La Empalizada Inglesa en Irlanda: The Pale, se insertó hasta tal punto en la mentalidad del Nacionalismo imperialista inglés que, en su idioma, la expresión "al otro lado o más allá de la empalizada" [beyond/outside the pale] ha permanecido hasta la actualidad para indicar algo que es socialmente inaceptable o irrazonable. Es decir, establece que lo que se había refugiado en el interior de aquella empalizada fortificada, a saber: las fuerzas de ocupación del imperialismo inglés, y los crímenes contra la humanidad implicados en la conquista de Irlanda, era lo aceptable y razonable; mientras que lo que había fuera de ella: la libertad y esperanza para el Pueblo Irlandés, era lo reprobable. Es la misma mentalidad Nacionalista criminal que le lleva a W. Shakespeare a hacer decir a Ricardo II: "Ahora a nuestras guerras de Irlanda. Es preciso exterminar a esos bárbaros kernes de hirsuta cabellera, que viven como veneno donde ningún otro veneno sino sólo ellos tiene el privilegio de vivir". (W. Shakespeare; King Richard II, Acto II, escena 1.)

Y en otro pasaje (anticipándose a las sombrías visiones de Engels, Marx y Lenin respecto a la repercusión del imperialismo en Irlanda sobre las clases populares de Inglaterra que estamos exponiendo), York/Shakespeare, tras haber escuchado a otros decir que "Los salvajes kernes de Irlanda están sobre las armas y templan la arcilla con sangre de los Ingleses", cuando todos ellos han salido conspira consigo mismo y dice: "Ahora, York, o nunca, es el momento de armar tus temerosos pensamientos, y de cambiar la vacilación por resolución. [...]. Mientras nutro en Irlanda una banda peligrosa, provocaré en Inglaterra algún negro huracán que se lleve diez mil almas al cielo o al infierno; y esta cruel tempestad no cesará de soplar hasta que un aro de oro puesto sobre mi cabeza," etc. (William Shakespeare; King Henry VI, Pt. 2, Acto III, i.)

Por su parte Marx, quien desde el Levantamiento de los Fenianos – la Hermandad Republicana Irlandesa – de 1867 no ocultaba sus simpatías por dicho movimiento ("aquí en la casa, como bien sabéis, somos todos fenianos convencidos"), acabó corrigiendo sus opiniones anteriores:

"En cuanto a la cuestión irlandesa... La forma en que presentaré este asunto el próximo martes es la siguiente: que completamente al margen de todas las frases sobre la *justicia 'internacional' y 'humana' para Irlanda* - todo lo cual debe darse por sentado en el Consejo Internacional - *es en el interés directo y absoluto de la clase trabajadora inglesa el librarse de su actual conexión con Irlanda.* Y ésta es mi convicción más completa, y por razones que en parte no puedo decirles a los propios trabajadores ingleses. [Marx está aludiendo aquí, indudablemente, al Nacionalismo imperialista de los trabajadores ingleses, es decir, a la verdadera lucha de clases a nivel internacional: la de la nación oprimida contra la nación opresora de la cual estos trabajadores forman parte.] Durante mucho tiempo creí que era posible derribar el régimen [de opresión inglesa] establecido en Irlanda mediante el ascenso de la clase obrera inglesa. Siempre sostuve esta opinión en el New York Tribune. Un estudio más profundo me ha convencido ahora de lo contrario. La clase trabajadora inglesa *nunca conseguirá nada* hasta que no se deshaga de Irlanda. La palanca debe ser puesta en Irlanda. Es por eso que la cuestión irlandesa es tan importante para el movimiento social en general." (K. Marx, de su carta a F. Engels, 11-Diciembre-1869. Énfasis de Marx en el original.)

Así pues, Marx no se había sentido con fuerzas para decirles a los trabajadores ingleses lo que debería haberles dicho, es decir: que estaban "participando alegremente en el festín del monopolio de Inglaterra sobre el mercado mundial y las colonias"; en el imperialismo colonialista inglés. Hacerlo le habría obligado a re-exponer sus formulaciones anteriores sobre la lucha de clases entendida y planteada estrictamente a nivel doméstico, la cual establecía dogmáticamente la ignorancia/ocultación de la dominación imperialista. Unas formulaciones cuya insuficiencia para las condiciones del imperialismo (lucha de clases a nivel internacional), "un estudio más profundo" le había revelado. No pudo decirles tal cosa; pero, si lo hubiera hecho, tal vez habría evitado con ello males mayores. Sólo conociendo las esperanzas de Marx y Engels en el movimiento obrero de aquel país en el que mejor se daban las condiciones materiales para la revolución social que ellos habían imaginado, puede entenderse la amargura de Engels - que sobrevivió doce años a Marx – en las dos últimas décadas del siglo XIX. Una amargura que impregna su carta a Kautsky que acabamos de citar, y que habría sido aún mayor si hubiera podido ver cómo los socialistas europeos se ponían tras sus gobiernos militaristas y belicistas, para apoyarlos en la gran carnicería de la Primera Guerra Mundial: "imperialista por ambos lados".

En la Conferencia de Zimmerwald (1915), Alphonse Merrheim respondía así a un Lenin que lo instaba a actuar: "En cuanto a la huelga de masas contra la guerra, ¡ah, camarada Lenin! Ni siquiera sé si yo tendría la posibilidad de regresar a Francia y contar lo que ha sucedido en Zimmerwald. Estamos lejos de poder tomar el compromiso de decir al proletariado francés: ¡levantaos contra la guerra!". Según él había afirmado que ocurriría a cualquiera que se resistiera a unirse a la guerra: "En aquel momento la clase obrera, llevada por una formidable ola de nacionalismo, no habría dejado a los agentes de la fuerza pública el cuidado de fusilarnos: ella misma nos habría fusilado".

"En tiempos de guerra todo el mundo se convierte en nacionalista." Según un irónico comentario que hace Trotsky: "la otra gran observación de Kautsky es que la Internacional [Socialista] no es un arma adecuada para usarla en tiempos de guerra, ya que en su esencia es un 'instrumento de paz'." (L. Trotsky; 'Dictatorship vs Democracy', 1920.) Y según el sarcástico comentario de Rosa Luxemburg: "Proletarios de todos los países: uníos en la paz y cortaos la garganta en la guerra", era la nueva consigna de la Internacional Socialista. Ello estaba en correspondencia con la de la multinacional eclesiástica romana, que bendecía por igual a todos los ejércitos: "Cristianos, amaos los unos a los otros en la paz, y degollaos los unos a los otros en la guerra". Lo cual han hecho constante y concienzudamente, tanto de un lado como del otro, bajo las alabanzas y las bendiciones de las respectivas jerarquías nacionales.

En definitiva, a partir de la negativa a resolver de forma realmente democrática la cuestión nacional (que el imperialismo plantea de forma brutal e inmediata por su agresión contra los Pueblos autóctonos de todo el Mundo y por su violación de la libre Autodeterminación o Independencia originarias de ellos), todos los movimientos "liberadores, internacionales, internacionalistas o universalistas" en palabras se revelan como esencialmente Nacional-imperialistas. Bajo una tal premisa, y como se ha indicado, los "modernos" liberalismo, democratismo, catolicismo, pacifismo, anarquismo, socialismo, comunismo, feminismo y otros -ismos "universales" han sido siempre especies del Nacionalismo imperialista: sirven ante todo los intereses de los Pueblos y Estados Nacional-imperialistas.

"[...] pregunta Vd., cómo ha ocurrido que toda Europa haya actuado sobre el Principio de que 'el Poder era el Derecho' [o lo Justo, Correcto: 'Right', en el original]. No sé qué respuesta daros, excepto ésta: que el Poder siempre Sinceramente, conscientemente, de tres bon Foi [de muy buena Fe], se cree Justo. El Poder siempre piensa que tiene una gran Alma, y vastas perspectivas, que están más allá de la Comprensión de los Débiles; y que está haciendo el Servicio de Dios, cuando está violando todas sus Leyes." (John Adams; de su carta a Thomas Jefferson, 2-Febrero-1816.)

Esto ha sido especialmente camuflado por las manipulaciones y falsificaciones ideológicas que, surgidas desde la "revolución americana" y a continuación la francesa, y después desde la "revolución rusa", han consistido y consisten en falsificar hasta el día de hoy el contenido auténtico de palabras tales como "democracia, libertad, igualdad y fraternidad, socialismo e internacionalismo" etc. Porque, detrás de tan "elevados" ideales, estuvo siempre el objetivo de *conservar* la dominación que el "Antiguo Régimen" – de los Pueblos "superiores" y Estados imperialistas de aquellos "olvidadizos" pensadores – había establecido sobre los Pueblos y Estados ocupados, a los cuales dicho Régimen había sojuzgado mediante agresión y ocupación armadas, e incontables y atroces crímenes imprescriptibles: crímenes contra las leyes de la guerra, crímenes contra la paz y la seguridad de las Naciones Originarias y de sus Estados y Confederaciones legítimamente constituidos, y crímenes contra la Humanidad.

El "Nuevo Régimen" establecido con dichas "revoluciones" (y gracias a las mencionadas manipulaciones y falsificaciones ideológicas de esos pensadores, "Tribunales Supremos", e ideólogos activos y conceptivos de su clase dirigente), tras mantener del mismo modo su dominación imperialista y extranjera sobre los Pueblos sojuzgados, se esfuerza a continuación por santificar y legitimar esa dominación llamándola desvergonzadamente "democracia, república, libertad, igualdad, convivencia, concordia" etc. desde hace casi doscientos cincuenta años ya; sin que hasta ahora los Pueblos sojuzgados bajo ese "Nuevo Régimen" hayan reaccionado como deberían haberlo hecho: denunciando la monumental superchería e impostura tras la que sigue camuflando su criminal dominación.

"El despotismo moderno filtró, neutralizó o recuperó hace mucho tiempo los signos y las formas implantadas por la tradición y la revolución liberal y democrática; las cuales, si en algún momento preocuparon a las clases dominantes, dejaron luego de hacerlo. Los Gobiernos efectivamente vigentes no tienen ningún interés en una democracia verdadera, cuya incapacidad para instaurarse se ha puesto de manifiesto en forma constante. El conflicto tradicional y la contradicción entre la 'sociedad civil' y Los Gobiernos, en los Estados modernos, se resolvió por la victoria de los segundos hace ya dos siglos, y ahora los Gobiernos fabrican e implican su propia 'oposición institucional'. Finalmente, aquellas pretendidas democracias revolucionarias aportaron el nuevo despotismo y totalitarismo modernos, la Dictadura Terrorista y Proto-Fascista de los Comités Jacobinos de Seguridad General y Salvación Pública del 'Nuevo Régimen' francés (integrada y desarrollada en bonapartismo, esclavismo, militarismo y burocratismo absoluto), y las dictaduras fascistas-comunistas contemporáneas. Los terribles avatares políticos desarrollados durante el siglo XX confirman y acentúan el resultado.

"En cuanto a las oposiciones no-institucionales: diezmadas, infiltradas, acorraladas, divididas y confundidas, ocupan el espacio marginal que el poder *de facto* quiere dejarles ocupar. El retroceso o la supresión de las garantías judiciales, el abandono de los principios 'adquiridos e instaurados' para el control del procedimiento en la sanción penal, y la significativa 'restauración' de la tortura y el Terrorismo de masas: cínica, mutua y generalmente aceptados, exaltados, aplicados y reconocidos por los Estados hegemónicos, se justifican ahora por referencia a lo que llaman 'terrorismo', esto es: toda oposición al Terrorismo hegemónico. Sólo los hipócritas pueden sostener que es posible mantener la opresión fascista o colonial sobre los Pueblos, sin recurrir a los procedimientos que esa opresión necesariamente implica.

"La Potencia hegemónica ha comprendido pronto que no podía contar con la complicidad de los regímenes imperialistas y fascistas a lo largo y ancho del mundo sin respetar sus 'líneas rojas' y sin reconocer sus criminales 'derechos históricos' sobre sus cotos de caza 'tradicionales'; a los cuales sus agentes: desde Putin a Erdogan y desde Macron a Sánchez, califican como 'nuestros intereses nacionales'. La consecuencia de ese reconocimiento es la consolidación de reservas coloniales sobre los Pueblos sojuzgados donde los derechos humanos fundamentales, y ante todo y sobre todo el primero y la condición previa de todos ellos: el derecho de autodeterminación o independencia de todos los Pueblos, no tienen carta de ciudadanía ni permiso turístico; así como la renovación o estabilización de 'Protectorados, Espacios vitales/Lebensraum/Spazio Vitale, Esferas de Co-Prosperidad de la Gran Asia Oriental, Zonas de Seguridad', y demás viejos conocidos de la expansión imperialista.

"Se muestra así la amplitud de la reacción totalitaria contemporánea: bien sea con una cínica negación de tales crímenes, o con su hipócrita condena realizada por los 'defensores homologados' de los derechos humanos. Unos derechos que esos 'defensores' – para la tranquilidad de las Potencias imperialistas – reducen drásticamente, dejando fuera de consideración al que es el primero de los derechos humanos fundamentales y la condición previa de todos ellos, a saber: el derecho de autodeterminación o independencia de todos los Pueblos sojuzgados.

"Actualmente, en el ámbito internacional, los derechos humanos fundamentales se reducen al reveladoramente diferenciado y cuidadosamente desgajado 'derecho humanitario'; y ello a condición, en todo caso, de dar garantía, seguridad y satisfacción a los susceptibles y todopoderosos Gobiernos que los conculcan: única y equívoca manera de que las ONG y similares puedan obtener la 'generosa, benevolente' e interesada indulgencia de esos Gobiernos para poder actuar sobre el terreno. De este modo, el límite entre eficacia posibilista, por un lado, y reconocimiento-colaboración con el totalitarismo, por el otro, aparece de forma inmediata, y muestra los peligros y las derivas hacia el colaboracionismo tantas veces constatados y padecidos.

"Los derechos humanos en general implican el derecho de autodeterminación de todos los Pueblos. No hay derechos humanos *en general* donde, *en especial*, falta el imprescriptible e inherente derecho de autodeterminación o independencia de todos los Pueblos: primero de los derechos humanos fundamentales y condición previa de todos los demás. (No es ésta una jerarquía abstracta o metafísica de 'valores': a la usanza de la propaganda monopolista, sino una prelación de orden objetivo, práctico, estratégico y político.) En particular, no es posible el respeto de los derechos humanos allí donde se reprime el derecho de autodeterminación de los Pueblos.

"Si bien el respeto de la Autodeterminación o Independencia de los Pueblos no asegura el respeto de todos los derechos humanos fundamentales, sin embargo su violación asegura la ausencia de ellos. La afirmación del derecho de autodeterminación de los Pueblos sojuzgados permite, a veces o a plazo, la paz y la convivencia entre Naciones y Estados; su negación no las permite nunca. No es la 'balcanización' sino los Imperios – Austro-Húngaro, Ruso y Turco – y su expansionismo, los que durante siglos han hecho de los Balcanes el polvorín de Europa; del mismo modo que es el Nacionalismo Continental o trans-Continental de las 'grandes Naciones' imperiales de España y de Francia el que ha ensangrentado y descuartizado el Mundo. Sólo la liberación – a veces defectiva y defectuosa – de los Pueblos ha permitido un principio, aunque sea limitado y precario, de solución." (Publicaciones Iparla.)

DESPOTISMO ASIÁTICO Y ABSOLUTISMO: LA VERDADERA NATURALEZA IMPERIALISTA Y TOTALITARIA DE ESPAÑA Y FRANCIA

Tras haber comenzado hace más de doce siglos las agresiones contra el Pueblo Vasco: de los Francos desde el norte y de los Hispano-Visigodos desde el sur de sus territorios, el imperialismo de sus sucesores Franceses y Españoles no se detuvo jamás hasta conseguir finalmente repartirse entre ellos el País del Pueblo Vasco y su Estado, el Reino de Pamplona-Nabarra. Pueblo y Estado Vascos a los que mediante agresiones e invasiones militares, y crímenes imprescriptibles e incontables, los Estados de España y de Francia: criminales, imperialistas, totalitarios, colonialistas y fascistas de ocupación militar, han metido a la fuerza en las que llaman sus "unidades nacionales" imperialistas. Estas falsas "unidades" de Francia y de España están construidas sobre montañas de cadáveres y ríos de sangre.

Las constantes agresiones de los reinos hispánicos: que habían comenzado en el siglo XI contra el ya constituido Reino de Pamplona-Nabarra, fueron desmembrando los Territorios del Pueblo Vasco. A partir de la gran ocupación de guerra y desmembramiento de nuestro Estado ocurrida en 1198-1200, los territorios occidentales del Reino: "la Nabarra marítima", quedaron desgajados de nuestro tronco estatal común gracias también a la traición de los dirigentes locales indígenas de estos territorios:

"Mientras tanto los Haros y los Gebaras, como hoy los Rodeznos y los Rodas, se iban con el castellano, que supo corromperlos con tierras – ah, la Rioja! – y con títulos. Así traicionaron a su patria y a su estirpe vasca, desmembrando el cuerpo nacional cuando se consolidaba, como supo hacerlo Portugal, una forma estatal indígena. No sé si Vd. sabe que todos estos personajes eran: por sí o por sus antecesores, caballeros de Nabarra, y que uno de los Gebaras llevó el título de 'Princeps Navarrorum'. ¡Qué poco pudo hacer el pueblo contra tanta ambición!" Etc. (De la citada carta del Lehendakari José Antonio de Agirre.)

A partir de aquellos hechos, se produjo la separación y el extrañamiento de aquellos Vascos occidentales: incorporados dentro del Reino de Castilla, hacia el Estado propio en el que habían estado integrados anteriormente, el Reino de Nabarra; y de los ciudadanos de éste, hacia sus hermanos occidentales. Un extrañamiento mutuo que fue fomentado por nuestros enemigos y que llevó al presidente Agirre a afirmar lo siguiente:

"[...] Ojalá que esta lucha de consolidación estatal hubiera llegado hasta el siglo XVI. El imperialismo, como en el resto de Europa, habría hecho quizá garra de nosotros; pero el recuerdo de una unidad nacional en la lucha perenne, coincidiendo con el despertar de los pueblos y más tarde con el de las nacionalidades, nos habría permitido presentarnos ante el siglo XIX en condiciones infinitamente más ventajosas que aquéllas en las cuales ha tenido que luchar nuestra nación." Etc. (Carta citada de José Antonio de Agirre.)

Por desgracia, no pudimos mantener nuestra unidad nacional y estatal y no llegamos unidos al siglo XVI; lo cual produjo nuestro propio alejamiento interno: de funestas consecuencias, según el Estadista Agirre lamentaba en su carta. Puesto que, aunque no lo formulara expresamente, él no podía ignorar el hecho dramático de que, en el resurgimiento de la conciencia nacional del Pueblo Vasco realizado en el siglo XIX por el movimiento nacional vasco, el desconocimiento de nuestro propio Estado había sido completo; y que era eso lo que había colocado a "nuestra nación en condiciones infinitamente menos ventajosas" para luchar que si ese movimiento se hubiera apoyado en la formidable palanca que nos proporciona nuestra estatalidad: mantenida y reconocida internacionalmente durante mil años.

Todo esto era innegable, puesto que incluso en su propio partido y en los momentos en que él escribía esas palabras, es decir: nada menos que medio siglo después de haberse fundado el Pnv, el rechazo de nuestra estatalidad era absoluto. Efectivamente, a pesar de que la cuestión ya había sido expuesta por el Bizkaitarra Anacleto de Ortueta en su obra "Nabarra y la unidad política vasca" publicada en 1931 (en la que establecía claramente el Reino de Nabarra como el Estado actual del Pueblo Vasco), la hostilidad contra él y su propuesta, por parte de señalados jelkides, era manifiesta, como el propio Agirre lo revela en esa misma carta. La labor hispana de desintegración del Pueblo Vasco había dado sus frutos.

Como es bien sabido, la Monarquía compuesta Hispano-Católica, formada por los reinos de Aragón y de Castilla, invadió y ocupó militarmente todo el Reino de Nabarra en Julio de 1512 mientras solicitaba Bulas papales para hacerlo y apropiarse de él (al igual que en 1493 había conseguido las "Bulas alejandrinas" para apropiarse de los Pueblos, Estados y Territorios de América), amparándose en la "justificación" de que su reina y su consorte habían sido excomulgados por el Papa; lo cual no había ocurrido cuando esa invasión se produjo.

Las dos inicuas Bulas del Papa Julio II contra la independencia del Reino de Nabarra: la *Pastor ille coelestis* (que salió de Roma fechada a 21-Julio-1512, y en la que ni se menciona al Reino de Nabarra ni a sus monarcas sino que por dos veces se advierte a "Vascos y Cántabros"), y la *Exigit contumacium* (fechada en Roma a 18-Febrero-1513, y en la que esos monarcas eran excomulgados arbitrariamente y desposeídos de su Reino por encargo, al objeto de dar cobertura de forma retro-activa a la ya realizada ocupación del reino por Fernando II de Aragón), fueron los últimos actos de la Iglesia de Roma con repercusión en la política internacional obtenida mediante la excomunión. Tan sólo cinco años después de que el Duque de Alba entrara militarmente en Pamplona, Martín Lutero clavaba sus 95 tesis en la puerta de la Iglesia del Castillo de Wittemberg, dando comienzo con ello a la Reforma y al amplio movimiento revolucionario que acabó con el monopolio del omnímodo despotismo y poder de la Iglesia de Roma sobre toda Europa Occidental. La Bula *'Exurge Domine'* (1520) del Papa León X, amenazando a Lutero con la excomunión si no se retractaba, fue públicamente entregada por éste a las llamas. Y el intento de repetir la operación en 1570 contra Isabel I de Inglaterra, excomulgando y autorizando a cualquier católico para asesinarla, fracasó.

En cualquier caso, la cesión de la propiedad del Reino de Nabarra realizada por el papa fue un acto nulo de pleno derecho que instigaba la realización de un acto criminal, de un ilícito penal según todo derecho nacional e internacional, contemporáneo y actual, como lo fue la invasión y ocupación del Reino de Nabarra por la Monarquía Católica. La falsedad de ese supuesto título de propiedad quedó formalmente expuesta por el fraile dominico Francisco de Vitoria:

"[...] 3. Como ya he tratado minuciosamente del dominio temporal del Papa en la Relección sobre la Potestad Eclesiástica, responderé aquí en forma breve por varias proposiciones.

"Primera proposición: El Papa no es señor civil o temporal de todo el orbe, hablando de dominio y potestad civil en sentido propio de las palabras 'dominio' y 'potestad civil'. [...]. Y el doctísimo Inocencio, en el mencionado capítulo Per venerabilem, confiesa no tener potestad temporal sobre el reino de los Francos. [...]

"4. Mi segunda proposición es que el Sumo Pontífice, aunque tuviese potestad secular sobre el mundo, no podría transmitirla a los príncipes seculares. Esto es evidente," etc. (F. de Vitoria; *'Relectio prior de Indis recenter inventis'* [Primera Relección sobre los Indios recientemente descubiertos], 1538-9. Énfasis en el original.)

Como se ve, es el pretendido dominio del Sumo Pontífice "sobre todo el orbe" el que es negado: no sólo en los Países del Nuevo Mundo sino también en Europa, así como su capacidad para transmitir ese dominio a otros príncipes. Según las tesis mantenidas por Vitoria, "Toda nación tiene derecho a gobernarse a sí misma y puede adoptar el régimen político que quiera, aun cuando no sea el mejor." "Todo el poder del rey viene de la nación, porque ésta es libre desde el principio."

(Las manipulaciones ideológicas desarrolladas por la "Escuela de Salamanca" sobre el "justo título" y la "causa justa" para hacer la guerra, sirvieron muy oportunamente para justificar las agresiones con las que se materializaban los criminales designios de la Monarquía Católica en todos los Continentes; y llegan a la actualidad en la auto-proclamada "legítima defensa preventiva" de todos los Estados totalitarios e imperialistas del mundo – igualmente auto-proclamados "democráticos" – para "justificar" sus crímenes contra los Pueblos sojuzgados. Y la degradación intelectual y depravación moral de la actual clase política mundial, ante su imposibilidad de definir qué es 'terrorismo' sin que esa definición incluya también las actuaciones de sus propios "dirigentes", han llevado a tener que confeccionar una simple lista de "terroristas" en la que el Terrorismo hegemónico: a solicitud de los más repugnantes dictadores, incluye sin más a toda Resistencia contra la violación de los derechos humanos fundamentales, y en especial del derecho de autodeterminación o independencia de todos los Pueblos. A este grado de perversión ha llegado la "moralidad" de la ideología dominante.)

Realizada su conquista, el rey Fernando II: titular – según él – de los reinos "de Aragón, de las dos Sicilias, de Jerusalén" etc., se proclamaba también Rey de Nabarra ya desde finales de Agosto de 1512. El usurpador admitía por tanto la continuidad del Reino, y simplemente se apropiaba de él y de su título de rey como uno más de los que ya tenía; un título que excepto su yerno Enrique VIII de Inglaterra

– todavía un fiel lacayo de Roma – nadie reconocía:

"No deja de ser significativo el consejo dado por Fernando II de Aragón a Enrique VIII de Inglaterra de no 'llamarse rey de Escocia', mientras no la conquistase, 'como él no tomó los títulos de rey de Nápoles y de Navarra hasta que los conquistó'." (Tarsicio de Azcona; *'Las bulas del papa Julio II como justificación de la conquista de Navarra en 1512'*, 2013.)

Ni siquiera fue expresamente reconocido como tal por la Santa Sede: "Y nótese otro fenómeno no poco llamativo: Julio II y León X [...]. No obstante, en la práctica, con refinada prudencia vaticana [entiéndase: con repugnante hipocresía], nunca llamaron a Fernando 'rey de Navarra' sino únicamente 'Rey Católico de Aragón y de las Dos Sicilias', en los dos breves papales" de León X dirigidos a él. (Tarsicio de Azcona; obra citada.)

Más aún, la Iglesia admitió formalmente en 1585 que seguía reconociendo no sólo la continuidad del Reino de Nabarra – algo que no podía ser negado – sino además la de sus legítimos reyes: al menos hasta ese momento, puesto que en la *bula de excomunión y de destitución* del rey Enrique III de Nabarra ("primera demostración capital del pontificado de Sixto", de la que hablamos a continuación), el papa Peretti – Sixto V – lo privaba de su título de rey de Nabarra *por esa bula*; lo cual implicaba actuar contra los propios actos de la Santa Sede, y no reconocer la destitución formal – y también ilegal – hecha por Julio II contra los monarcas de Nabarra y sus herederos. Según se afirma en esta bula: "DECLARACIÓN – Contra Enrique de Borbón, sedicente rey de Navarra, (...). Por sobreabundancia, y en la medida de lo necesario, nos los privamos a perpetuidad, a ellos y sus descendientes, esto es a Enrique, en otro tiempo rey del reino de Navarra," etc. [*'DECLARATIO – Contra Henricum Borbonium, assertum regem Navarrae, (...) prout etiam ex abundanti, et in quantun opus est, nos illos, illorumque posteros privamus in perpetuum, videlicet Henricum quondam regem regno Navarrae,'* etc.] (Sixto V; Bula *'Ab immensa'*, 1585. Citadas tomadas de E. A. Segretain, Ancien Député, en su libro *'Sixte-Quint et Henri IV - Introduction du Protestantisme en France'*, Paris

1861.)

Y, "por sobreabundancia" y por si ese reconocimiento no bastara, en la Bula de Absolución: dada por el papa Clemente VIII – el florentino Aldobrandini – diez años después en favor de Enrique III de Nabarra (y en aquel entonces también IV de Francia), ese papa lo restaura y reconoce en todos sus títulos, o sea como rey de los Francos [sic] y de Nabarra: "Clemente, siervo de los siervos de Dios, a nuestro muy Querido hijo en Cristo, Enrique, el muy Cristiano Rey de los Francos y de Navarra, Saludo y Bendición apostólica." Etc. [*'Clemens servus servorum Dei, Carissimo in Christo filio Henrico Francorum et Navarrae Regis Christianissimo, Salutem et Apostolicam benedictionem.'* Etc.] (Clemente VIII; Bula *'Divine gratiae abundantiam. Datum Romae apud S. Petrum, anno Incarnationis Dominicae 1595. 15 Cal. Octob. Pontificatus nostri, ann. 4'.* Misma fuente.)

El Acto de Absolución del rey había sido escenificado el 17 Septiembre 1595: con el papa subido en su trono que había sido colocado bajo el pórtico de la basílica de San Pedro, y rodeado de todo el colegio de cardenales y los dignatarios de su corte, y por los dos procuradores enviados por el rey Enrique. Esta absolución desbarataba todas las aspiraciones hegemónicas de la Monarquía Católica y de su rey Felipe II, quien – en vista de la desaparición de la dinastía de los Valois – se había opuesto ardientemente a ella por sus fines anexionistas: "no exentos de intereses particulares como el de defender los derechos de su hija [tenida con su esposa Isabel de Valois] al trono"; lo que el papa "Muestra aborrescer mucho: y atribuyelo a ambición, querer España meterse en todas cosas y casi querer dar leyes al Papa y a todos". (Comentarios de Clemente VIII a Francisco Peña: nombrado auditor de la Rota a presentación de Felipe II. Citado por José Ignacio Tellechea Idigoras en *'La absolución de herejía de Enrique IV de Francia por Clemente VIII'*, 2001.)

La argumentación de Peña frente a esa censura del papa contra las insidias de este rey había sido hacerle ver su "gran fidelidad": "Que quanto al Rey católico, sus obras demostraban lo contrario, pues en Flandes avia gastado tantos millones y derramado tanta sangre de vassallos por no aver querido permitir en un rincón ni en una sola casa de una pobre vieja la libertad de la consciencia". (Idem.)

Esa "libertad de la consciencia" era el bastión tras el que se refugiaba el anhelo de los Pueblos por su libertad; y que en 1581 había llevado a los Estados Generales de las (siete) Provincias Unidas de los Países Bajos: constituidas en la Unión de Utrecht (1579), a firmar el Acta de Abjuración o Declaración de Independencia de la tiranía de Felipe II; quien "para anular todos los privilegios [entiéndase: derechos] de este país, y gobernarlo tiránicamente a placer como [hace] en las Indias y en sus nuevas conquistas, él [...] envió con un poderoso ejército, para oprimir estas tierras, al duque de Alba, quien por sus crueldades inhumanas es visto como uno de sus mayores enemigos, acompañado de consejeros también como él." Etc. (Acta de Abjuración, 1581.)

Así pues, la sensación que esta absolución de Enrique III de Nabarra causó en el ánimo de los enviados del rey Católico para evitarla fue de absoluta derrota, "quedando los ministros y criados de Su Magestad tan derribados con el suceso de la absolución de aquel hombre". (AGS, Estado, 966, s.f. Informe de F. Peña a Felipe II sobre sus gestiones ante el Papa; y su carta al secretario de Felipe II, Idiaquez: AGS, Estado, 966, s.n. Original hológrafo. Citado por J. I. Tellechea Idigoras.)

Todavía el 13 Septiembre 1595, tratando hasta el último momento de evitar lo inevitable, escribía Felipe II desde San Lorenzo de El Escorial a su embajador el duque de Sessa indicándole que, sobre "el punto principal de la absolución, si quando esta carta llegue, estuviera todavia por dar", había que hacer todo lo posible por impedirla: "Y en fin, os ayudareys de todo lo que pudieredes para detener al Papa, [...] conoçiendo que el de Bearne [el rey Enrique] tiene la ficción en la lengua y la heregia en el coraçon y en las manos;" etc. (AGS, Estado, 967, s.f. Citado por J. I. Tellechea Idigoras.)

La "rehabilitación católica" del rey Enrique implicaba la defensa/aceptación de – o transigencia ante – lo que constituía el meollo de toda la cuestión, a saber, la libertad de conciencia como forma de expresión de la naciente concepción de libertad general – religiosa, política etc. – del ser humano: declarada, criminal y fanáticamente atacada por la Monarquía Hispano-Católica como hemos visto. Y finalmente, esa rehabilitación convenía a todos los demás: a Isabel I de Inglaterra, los Países Bajos, los calvinistas, los príncipes protestantes de Alemania y los católicos de Francia, incluida – aunque fuera con repugnancia – la Iglesia de Roma. Ésta, ante el peligro de caer bajo el control de un monarca más papista que el papa y que – bajo esa ficción – aspiraba a la dominación total, prefirió frustrar los planes de Felipe II y apoyar al rey de Francia y de Nabarra con su absolución. He aquí el inicio – primer párrafo – del documento conservado en el Archivo General de Simancas (AGS), en el que se da cuenta de aquel acto y en el que, ya desde esas primeras líneas, la desolación hispánica es palpable:

"Domingo, a 17 de Settiembre 1595, nuestro Santissimo Padre Papa Clemente Octavo, [...], absolvió in foro exteriori a Enrico Borbon, llamándolo Rey de Francia y de Navarra," etc. (AGS, Estado, 965, s.f. Citado por J. I. Tellechea Idigoras, obra citada.)

Tras las reiteradas decisiones y rectificaciones de la Santa Sede sobre nuestro Estado; después de tanta destitución y reposición para volver a quitar y volver a poner, una cosa al menos sí queda clara: JAMÁS la Santa Sede llamó 'rey de Navarra' a NINGÚN rey de la Monarquía Hispano-Católica. Y lo que también está claro es que, en todo aquel trajín de decretos y puros golpes de violencia criminal, nadie tomaba en cuenta la voluntad del Pueblo Vasco. Y sin embargo, el País no era aquí – como sí lo era en otros muchos Estados – una "cosa" del rey: "El País no es del rey, sino que el rey es del País".

Pero el daño para nuestro Pueblo estaba ya hecho: a partir de la invasión de nuestro Estado por la Monarquía Católica, los Vascos del sur de los Pirineos, además de vivir de espaldas entre ellos como ya ocurría desde el inicio del siglo XIII, en adelante iban a quedar sometidos todos a siglos de ocupación militar, opresión económica, lingüística y cultural, desnacionalización, despotismo, reacción, clericalismo y fanatismo, Contra-Reforma, obscurantismo, Inquisición y Fascismo: consubstanciales al régimen despótico-asiático español; y marginados de las grandes corrientes y aportaciones culturales que constituyen el lado positivo de la cultura occidental. Un pésimo bagaje para hacer frente a los retos que nos plantea la tarea de liberación nacional frente al imperialismo colonialista de España y Francia.

La "Monarquía Católica", tras haber derrotado en 1521-1522 (Batallas de Noain y Amaiur) los últimos intentos militares realizados por los Nabarros para recuperar la independencia de su Estado frente al invasor extranjero, abandonaba en 1530 los territorios del Reino de Nabarra situados al norte de los Pirineos por ser difícilmente defendibles; con lo cual el Reino y sus instituciones pudieron seguir funcionando en aquellos territorios: suyos propios, aunque reducidos. Naturalmente, los legítimos reyes de Nabarra jamás reconocieron la usurpación del título y los territorios de su reino al sur de los Pirineos por los reyes de la "Monarquía Católica": simple ocupante imperialista de ellos; y por supuesto, siguieron titulándose con todo derecho reyes de Nabarra. También el Pueblo y las élites de los territorios sud-pirenaicos ocupados, a pesar de las ominosas condiciones impuestas por el despotismo hispano-católico, mantuvieron siempre el recuerdo de su estatalidad arrebatada.

A fines del siglo XV, la formación en España y después en Francia de grandes Estados más fuertes que la pequeña Inglaterra de aquella época, no dejó a los nobles guerreros ingleses ninguna posibilidad de aventuras continentales. Frente al modelo de esos grandes Estados: basados en la alianza de los reyes de Hispania y de Francia con la Iglesia de Roma para fundar monarquías absolutas que los amenazaban, a los monarcas de Inglaterra sólo les quedó la opción de reconocer la paridad del Parlamento y aunar esfuerzos con él para poder expulsar a la Iglesia de Roma. (*Act of Supremacy,* 1534.) "Si se hubieran unido los dos poderosos reinos católicos de aquel entonces para aplastarlo, el pequeño reino de Inglaterra [y los emergentes Países Bajos bajo su protección] habría estado perdido. La enemistad entre los Habsbourg y los Valois salvó a los reyes Tudor."

Una nueva situación ideológica y geo-política estaba surgiendo en las áreas de organización democrática de la sociedad: representadas fundamentalmente por Inglaterra y los Países Bajos. En aquel contexto internacional europeo, los pequeños Estados se veían obligados a asegurar su supervivencia frente a los Estados totalitarios y despóticos, representados desde el primer momento por la alianza de los Estados hispánicos y pontificios. Así pues, a fin de afrontar aquellas circunstancias de su Reino: invadido por la "Monarquía Católica" con la bendición de la Santa Sede, la reina Joanna III de Nabarra tomó la decisión de impulsar la Reforma de la Iglesia en sus Estados, y encargó a Joannes Leizarraga la traducción de las Sagradas Escrituras al Euskara; cuyo excelente trabajo: *Iesus Christ Gure Iaunaren Testamentu Berria,* fundamental para la fijación del Euskara literario, se publicó en La Rochelle en 1571.

Tras las Guerras de Religión de Francia, la extinción de la dinastía de los Valois y la "Guerra de los tres Enriques", el hijo y sucesor de Joanna III a su muerte en 1572: el rey Enrique III de Nabarra ("el sedicente rey de Navarra", según hemos visto que decía en 1585 el papa Sixto V en la bula *'Ab immensa aeterni Regis potentia'*), devenía también rey de Francia en 1589 con el ordinal IV; si bien se trataba de una unión sólo personal que no incorporaba el Reino de Nabarra a los dominios de la corona francesa. Sin embargo, este hecho no tardando mucho iba a traer al Pueblo Vasco al norte de los Pirineos las mismas desgracias que ya sufrían los Vascos del sur.

Porque, establecida esa unión personal con el Reino de Francia, la cual ponía a nuestro Pueblo, su Estado y sus instituciones al alcance de la inveterada agresividad nacionalista de los Francos/Franceses, y a pesar de la "tolerancia" religiosa decretada por Enrique III de Nabarra y IV de Francia en 1598 con el Edicto de Nantes, ese rey no fue capaz de proteger a su propio pueblo, ni de impedir que el fanatismo y el odio racistas del Nacionalismo francés se ensañaran contra el Pueblo Vasco y sus caracteres nacionales: representados por su lengua y cultura, las cuales fueron presentadas por los agentes oficiales de "la justicia real" francesa como formas de satanismo. (El Edicto de Nantes fue promulgado en favor de los Protestantes calvinistas o Hugonotes, según el modelo establecido treinta años antes por la Dieta del Principado de Transilvania con el Edicto de Torda [1568; actual Turda] en favor de los protestantes, pero no de los judíos o musulmanes, así como tampoco de los ortodoxos: religión propia de la gran mayoría de la población rumana, que no tenía representación entre la nobleza de la Dieta.)

Es así como en 1609, el criminal y cobarde juez Pierre de Lancre – aprovechando la época del año en que sus maridos, padres o hermanos estaban faenando en alta mar – pudo someter a tortura a centenares de mujeres, a las que acusó de brujería, y llevar a decenas de ellas a una muerte horrible en la hoguera, en realidad por el solo hecho de que no hablaban otra lengua que el Euskara, que aquel juez-asesino francés y sus ayudantes consideraban la lengua del demonio. El año siguiente era el rey mismo: cuyo matrimonio ya había tenido la Matanza de San Bartolomé (1572) como "regalo de bodas", el que era asesinado (1610) por otro fanático católico-francés; si es que su propia madre no lo había sido también. Era el preludio de lo que le esperaba a nuestro Pueblo y su Estado con la llegada del rey de Nabarra al trono de Francia.

En cualquier caso, Enrique III nunca declaró el Reino de Nabarra unido al Reino de Francia, y quiso que siempre permaneciera distinto y separado. Sin embargo, esta unión meramente personal (o sea, un mismo rey pero dos reinos) decretada por él fue violada por su hijo y sucesor Luis en 1620, al establecer una unión real mediante un ilegal "Edicto de Unión" que creaba el reino unido "de Francia y de Nabarra", imponiendo también el uso del Francés en todas las Actas del Parlamento de Nabarra, e impidiendo así el uso del Euskara en cualquiera de sus documentos oficiales. El Reino "de Francia y de Nabarra": impuesto por "Luis-Augusto, rey de Francia XIIIº y de Nabarra IIº de Nombre" el 19-Octubre-1620 mediante aquel llamado "Edicto de Pau", fue un acto de traición a las leyes, libertades y derechos constitucionales del Reino de Nabarra, impuesto a su Parlamento mediante el ejército francés de ocupación y con la instigación y el reconocimiento de la Iglesia Católica, romana y francesa.

Por lo tanto, el "Edicto de Unión" de los Reinos de Francia y de Nabarra fue un acto tan jurídicamente nulo de pleno derecho como lo había sido la "agregación" del Reino de Nabarra "en la corona real destos dichos reynos de Castilla e de León e de Granada etc. [...] para siempre jamás", según la fórmula acuñada en las auto-denominadas "Cortes de Incorporación" de Burgos en 1515. Una "agregación o Incorporación" que se hizo sin que hubiera Bula ni "título" alguno para ello (que además habría sido siempre ilegal), y sin la presencia ni la aquiescencia de un solo natural del Reino ocupado.

Dicha "agregación" no podía quedar justificada mediante la Bula de Julio II; porque (incluso dejando a un lado la objeción de que el Reino no había sido conquistado *después de la publicación de dichas Cartas"*: según la *'Exigit contumacium'* autorizaba que podía hacerse, sino ANTES de ese hecho), si bien esa Bula desposeía ilegalmente a la dinastía legítima del Reino de Nabarra y lo entregaba a quien lo conquistara, sin embargo no autorizaba para que el Reino fuera agregado en otras coronas. Esto es reconocido incluso por el capuchino Tarsicio de Azcona, autor de la obra que hemos venido citando:

"En resumen, las bulas de Julio II habrían justificado la Conquista y Privación del reino a los reyes de Navarra, aunque no resultaban tan categóricas la Retención y la Incorporación de Burgos en 1515.

En ambos momentos se impuso la política de Fernando el Católico no obstante la cesación del cisma, la celebración del Concilio V de Letrán, y la reconciliación de Luis XII." (Tarsicio de Azcona; obra citada.)

En cuanto al "Edicto de Unión" de 1620, éste declaraba expresamente que ello se hacía sin derogar los fueros, franquicias, libertades, privilegios y derechos pertenecientes a los súbditos del dicho Reino de Nabarra, *"que nous voulons leur être inviolablement gardés et entretenus"*, según el Rey Luis afirmó en él. Con lo cual se ha reconocido siempre formalmente:

1/ la continuidad del Reino de Nabarra, patente además en la titulación oficial de todos los reyes, que eran coronados como reyes "de France et de Navarre";

2/ que Francia no era Nabarra; y

3/ que Nabarra no era Francia.

La llamada "Baja Nabarra" nunca fue un reino ni reputado como tal: nunca hubo unión de "Baja Nabarra" al Reino de Francia, ni "reunión de Francia y de Baja Nabarra". Incuestionablemente, el Reino de Nabarra no fue JAMÁS incorporado al Reino de Francia.

De todos modos, la ilegalidad del "Edicto de Unión" fue denunciada al mes siguiente de haberse impuesto, por los Estados de Nabarra; los cuales, reunidos en la iglesia de San Pablo en Donapaleu en Noviembre-1620, exigieron en vano la revocación del Edicto. Todo ello invalidaba y hacía ilícito desde su nacimiento mismo aquel denominado "Reino de Francia y de Nabarra"; y hacía que aquel rey felón y sus sucesores: los cuales continuaron atentando contra la independencia, la integridad y las leyes fundamentales del Reino de Nabarra en beneficio del reino de Francia y de la Monarquía Católica, quedaran desprovistos de toda legitimidad. Más aún cuando, en 1659 y por el "Tratado de los Pirineos", el "rey de Francia y de Nabarra", como si el Reino fuera una propiedad suya y sus habitantes sólo ganado, cedía a la Monarquía Católica – mero ocupante ilegal de ellos – todos los territorios de la Alta Nabarra (así como el Valle de Luzaide), de los que criminalmente se había apoderado en 1512 por "derecho de conquista".

Con la llegada al trono del hijo de Enrique III: Luis II de Nabarra y XIII de Francia, el reforzamiento del absolutismo francés iba a continuar imparable. Tras haber realizado la mencionada unión forzada entre sus reinos, este rey reinició en 1621 la política contra los Protestantes, quienes por el Edicto de Nantes habían conseguido tener puntos fuertes para su refugio, entre ellos la ciudad de La Rochelle. Decididamente impulsada por el Cardenal Richelieu, el rey culminó esa política en 1627-8 con el asedio y toma de esa ciudad: lo cual señala uno de los hitos o momentos importantes en la consolidación del absolutismo en Francia, que llegaría a su punto culminante con su sucesor Luis XIV.

Francia: el Reino-República-Imperio francés, se remite al primitivo Pueblo y Reino de los Francos, acrecentado con las sucesivas "adquisiciones, anexiones, uniones, reuniones y adhesiones" que fueron el resultado de las continuas guerras de agresión, expansión y conquista realizadas contra todos los pequeños Estados circundantes del Continente e Islas adyacentes, además de sus anexiones de Ultramar; todo lo cual fundó su Imperio: el Estado "de Francia y de Nabarra" desde 1620 hasta 1830, en el que "universal" y "francés" pretenciosa y dogmáticamente se identifican. En él, la guerra y el terror deshicieron toda oposición estratégica. El monopolio de la violencia y el Terror se hizo absoluto. En consecuencia, el Gobierno francés afronta todos los problemas – ya sean políticos o individuales – por el recurso inmediato: sin contemplaciones, límites ni paliativos, a la represión armada. Este procedimiento ha fracasado repetidamente durante el siglo precedente pero sigue aplicándose, puesto que es el único que responde a la naturaleza del régimen.

El pueblo francés pasó del feudalismo al absolutismo brutalmente forzado por la corrupción y por el uso de una crueldad inimaginable. Según lo describe Simone Weil, tras la Fronda y Mazarino, la Francia que recibió Luis XIV aún respiraba moralmente y habían surgido mentes brillantes. Sin embargo, él dio continuidad a la política absolutista de Richelieu y lo hizo con una intensidad mucho mayor, reduciendo Francia a un estado moralmente desértico y miserable en lo material. El régimen de Louis XIV era ya totalitario, y el terror asolaba al país. La idolatría del rey fue institucionalizada con tal desvergüenza que era un escándalo para cualquier conciencia. Su propaganda se había desarrollado de tal modo que no se permitía la publicación de ningún libro, sobre cualquier tema, que no contuviera un elogio descarado del rey. Bajo este régimen, las "provincias francesas" y la vida local sufrieron un desarraigo que las sumió en la desolación. En los Países conquistados, "para los cuales los Franceses eran extranjeros y bárbaros", los Franceses aplicaron el terror, la Inquisición y el exterminio.

Cuando los revolucionarios se desembarazaron del Antiguo Régimen, a la vez que conservaban sus inicuos "logros", crearon la ilusión de "la soberanía nacional"; pero la palabra 'nación' había sido manipulada, diluyendo en ella – y por tanto negando – las naciones que habían sido víctimas de sus agresiones, anexiones y crímenes imprescriptibles, en definitiva de su imperialismo.

Los ideólogos del imperialismo franco-español presentan su "realidad" como el producto "justo e inevitable" de la historia, y en todos los aspectos como un bien establecido por sus Estados dominantes, cuyas conquistas hechas y perdidas a lo largo de la historia pueden tal vez ser puestas en cuestión. Sin embargo, se niegan a cuestionar las conquistas que han conseguido mantener, y como consecuencia se ven obligados a hacer y hacen la apología romántica, pretenciosa y chauvinista de su nacionalismo imperialista. Una apología dedicada a la sacralización y exaltación de su Estado y de su pretendida misión "universal", inseparable del hecho criminal consumado y de la negación imperialista de la existencia y la libertad de los Pueblos que han sojuzgado. Tanto es así que, en un momento dado, Weil cree necesario remarcar que, con todo, Francia no es Dios. ¡He aquí algo que es tranquilizador para el resto del mundo!

La Revolución nacionalista francesa abolió ilegalmente el Reino de Nabarra e impuso el Nacionalismo imperialista francés sobre nuestro Pueblo mediante el Terror, produciendo así el prototipo de dictadura y totalitarismo modernos. Éste consistió en la reducción y sumisión de los órganos legislativo y judicial, y en el "perfeccionamiento y consolidación del 'poder ejecutivo' y de su aparato burocrático y militar". Así es descrito esto por Marx y Lenin:

"'Este poder ejecutivo, con su inmensa organización burocrática y militar, con su compleja y artificiosa máquina de Estado, con su ejército de funcionarios que ascendían a medio millón de hombres, junto a un ejército de otro medio millón de soldados, este pavoroso organismo parásito: que recubre como una membrana el cuerpo de la sociedad francesa y le tapona todos sus poros, surgió en la época de la monarquía absoluta, con el declive del régimen feudal, que dicho organismo contribuyó a derribar.' La primera Revolución Francesa desarrolló la centralización, 'pero al mismo tiempo también, incrementó el volumen, las atribuciones y el número de servidores del Poder del gobierno. Napoleón acabó de perfeccionar esta maquinaria del Estado'. [...].

"'Finalmente, en su lucha contra la revolución, la república parlamentaria viose obligada a fortalecer con medidas represivas los medios de acción y la centralización del Poder del gobierno. Todos los cambios políticos no han hecho sino reforzar esta máquina en lugar de destruirla. Los partidos que luchaban alternativamente por el poder, consideraban la toma de posesión de este inmenso edificio del Estado como el principal botín del vencedor.'

"[...] ¡Pero para repartirse el botín, instalarse en los puestos lucrativos de ministros, sub-secretarios de Estado, gobernadores generales, y repartirse las sinecuras administrativas etc. etc., no han perdido el tiempo ni han esperado a ninguna Asamblea constituyente! El juego de las combinaciones ministeriales no era, en el fondo, sino la expresión de este reparto y de esta redistribución del 'botín' que se hacía de arriba abajo, a través de todo el país, en todas las administraciones centrales y locales." (V. Lenin; *El Estado y la Revolución*. Citas de K. Marx, 'El 18 Brumario de Luis Bonaparte'.)

Los clásicos no podían imaginar hasta qué punto estas cifras y realidades resultarían ridículas, puestas al lado de las actualmente desarrolladas y establecidas.

La "Revolución" Nacionalista-imperialista francesa liquidó, mediante la violencia y el desprecio de todos sus derechos fundamentales, lo que quedaba de las libertades históricas del Pueblo Vasco. La República francesa implantó aquí entre nosotros la dictadura de los clubs parisinos, la guillotina, el Terrorismo y la deportación de masas. Los héroes de Haití, pioneros de la independencia y la abolición de la esclavitud en América, comprobaron también lo que había tras los "valores republicanos" que Napoleón: un precursor de Hitler tanto en su empeño totalitario de dominar Europa y el mundo, así como en alguno de sus métodos, le había encomendado al General Leclerc que él debía re-instaurar allí en 1802, nombradamente: o bien la sumisión al imperialismo esclavista francés, o el genocidio de la población negra por encima de los doce años, realizado con novedosos métodos tales como las primeras cámaras de gas en las bodegas de los barcos.

La "Constitución" francesa de Septiembre-1791 había suprimido la distinción entre los Reinos de Francia y de Nabarra, al establecer "oficialmente" un "Reino de los Franceses" que duró casi un año justo, hasta que el 21-Septiembre-1792 fue proclamada la "República francesa". Después, la restauración legitimista de 1814 restablecía la distinción entre los Reinos de Francia y de Nabarra. Y en Agosto de 1830, la monarquía "liberal" de Luis Felipe I (de Orleans) anulaba otra vez esa distinción sin forma alguna de procedimiento legal, recuperando de nuevo aquel nacionalista y populista título de "Roi des Français".

Nada de esto admitieron JAMÁS los Estados Generales del Reino de Nabarra, cuyos representantes jamás pisaron siquiera el trinquete de pelota vasca donde se reunía la "Asamblea nacional" francesa, que fue la que se había inventado aquel título de *"rey de los franceses"* en Octubre de 1789; de momento sin aplicación práctica. Efectivamente, el 3-Noviembre-1789 era "Luis, por la gracia de Dios rey de Francia y de Nabarra", quien promulgaba las Cartas patentes del rey que ordenaban "el envío a los Tribunales, Municipalidades y otros Cuerpos administrativos de los Decretos de la Asamblea Nacional, que han sido aceptados y sancionados por su Majestad"; entre ellos la "Declaración de los derechos del hombre y del ciudadano" adoptada en Agosto de aquel año.

Los Españoles: admiradores y atentos imitadores del modelo francés contra el Pueblo Vasco y su Estado e instituciones nacionales, hicieron otro tanto por el "Estatuto Real" de 1834. Mediante este subterfugio, y en el contexto de una inmisericorde guerra de agresión y ocupación contra nuestro País (la primera Guerra "Carlista"), se daba por *supuestamente* constituido el inexistente "Reino de España": el cual se imponía así sin formalidad legal alguna; y por inexistentes, nulas o anuladas las realidades e instituciones nacionales y estatales del Pueblo Vasco, que ellos trataban de suprimir igualmente sin forma alguna de procedimiento. Tan sucio se les mostraba lo que realmente tenían que hacer, que prefirieron no mencionarlo "ni de nombre"; fundando así la nueva "sagrada Constitución" de "España" sobre una completa mentira. Tales contorsiones y falsedades muestran de por sí hasta qué punto les aparecían a ellos mismos inaceptables e infundados los abominables ataques realizados contra el Reino de Nabarra.

Es decir, y recapitulando: tras la conquista del Reino de Nabarra en 1512 por la Monarquía Hispano-Católica; después de que ésta hubiera "dejado" en 1530 los territorios de la Baja Nabarra; y de que en 1659 el rey "de Francia y de Navarra" le hubiera "cedido" todos los territorios de la Alta Nabarra y el Valle de Luzaide por el "Tratado de los Pirineos", trescientos años largos de tomadas y dejadas, de onomásticas decisiones, indecisiones, vacilaciones y rectificaciones, habían mostrado cumplidamente, cuando menos, que los políticos e ideólogos de aquellos "grandes" imperios: las hijas predilectas de la Iglesia Católica, no lo tenían nada claro en lo concerniente a la identidad nacional y política del Reino de Nabarra.

Las constantes agresiones y los desmembramientos contra el Pueblo Vasco y su Estado: el Reino de Pamplona/Nabarra, así como contra sus instituciones nacionales y estatales, ocurridos los años 1054, 1134, 1173, 1198, 1512, 1620, 1789 y 1834; el Despotismo asiático español, el Absolutismo y posterior Terror Revolucionario francés, y las tres guerras contemporáneas; todo ello no son simplemente "cosas del pasado": son el fundamento pasado y presente del imperialismo español y francés, eclesiásticamente bendecido, que oprime criminalmente hasta el día de hoy al Pueblo Vasco y a su Estado.

EVOLUCIÓN DEL TOTALITARISMO FRANCO-ESPAÑOL: EL FASCISMO

PUBLICACIONES IPARLA

En la "emergencia del mundo occidental", en su desarrollo y ulteriores transformaciones, el bloqueo de las nuevas formas de producción-asociación por el sistema totalitario ha sido el factor más constantemente retardatario de la historia europea.

La libertad es una fuerza productiva y una estructura social. A este respecto, lamentablemente, desde finales de la Edad Media las estructuras sociales española y francesa han evolucionado en sentido totalitario: desde el absolutismo agropecuario hasta los más recientes modelos de integración totalitaria. La adopción por esas sociedades del nuevo sistema de producción-asociación, la recepción local de la masa de innovación tecnológica realizada y acumulada en las áreas de organización democrática de la sociedad, han sido tan inevitables como parciales y tardías, porque quedaron siempre subordinadas a las condiciones y objetivos del régimen totalitario establecido en las estructuras de España y de Francia.

Los caracteres estructurales que han hecho del totalitarismo una detestable forma de producción-asociación son hoy, más que nunca, la clave de dificultades, insuficiencias y contradicciones que la fuga hacia adelante y el camuflaje ideológico: inherentes al sistema, no pueden sino desplazar y agravar.

A pesar de la precocidad de su forma absolutista, el totalitarismo español en su conjunto evolucionó tardía y laboriosamente hacia una convergencia con el modelo totalitario francés. El primero presentó durante largo tiempo un carácter inacabado debido al vigor de los movimientos populares de oposición, de lo cual se derivaban: permanencia de bolsas de resistencia económicas, ideológicas y políticas; guerras insurreccionales sucesivas; limitación y división de poderes. El segundo venía dotado de una perfección clásica por tratarse del prototipo histórico de totalitarismo moderno, basado en la Dictadura Terrorista de los comités del "Nuevo Régimen" integrada y desarrollada en bonapartismo y burocratismo, lo que implicaba: ocupación militar; prohibición, persecución y represión generalizadas de la personalidad y el proceso diferencial evolutivo de los Pueblos sojuzgados; resolución entropista de las contradicciones sociales; hipertrofia del burocratismo gubernamental y de la reglamentación autoritaria; sumisión generalizada de toda oposición; monopolio de la violencia; concentración del poder; absorción administrativa y uniforme del conjunto de la vida social; y confiscación y utilización sistemáticas de los modernos medios monopolistas de condicionamiento ideológico y de camuflaje de la propia naturaleza del orden político. Esta convergencia del totalitarismo español con el modelo francés había quedado ya fundada en España cuando do presentaba todavía una forma conflictiva en el País Vasco, donde ambos modelos eran vecinos, rivales y cómplices.

En la "Monarquía Hispánico-Católica", el despotismo oriental y su posterior transición al totalitarismo "moderno" a la francesa se extendieron y consolidaron con la ruina de las libertades comuneras, y con la liquidación de los derechos nacionales de los Reinos circundantes. En el Estado

106

francés toda oposición – en sus diversas variantes – al poder absoluto desapareció con la "Revolución", y junto con ella desapareció también toda veleidad de resistencia, por irrelevante que fuera, a los actos o dictados gubernamentales. Nacionalismo y totalitarismo franceses son los constituyentes del Imperio Republicano. El Gobierno del así creado y falsificado Estado-nación tiende a la dominación totalitaria: tanto hacia dentro como hacia fuera; aunque ello cueste la libertad de los propios Pueblos opresores a manos de sus Gobiernos policiacos y militares, porque "Un Pueblo que oprime a otro Pueblo no puede ser libre".

La "Revolución Francesa" abrió la larga y accidentada continuación-sucesión del feudalismo y el absolutismo del "Antiguo Régimen" instaurando la República francesa: fundada en las (ilícitas) adquisiciones del Antiguo Régimen, cuyo fundamento y estructura fueron decididamente conservados y desarrollados en la "Revolución". El "Nuevo Régimen" instaurado por la República francesa continuó y empujó: hasta el extremo y en todos los Continentes, la política de agresión, pillaje y conquistas del Antiguo Régimen. El Terrorismo de masas y los crímenes de guerra, contra la paz y contra la humanidad, que horrorizaron al mundo, fueron los medios que fundaron la Dictadura republicana: primer ensayo de un régimen totalitario moderno y modelo para todos los demás. Proclamarse actualmente 'republicano' – así como 'socialista, comunista o izquierdista' – puede servir todavía para alguna ocasión especial (particularmente para engañar a los Pueblos sojuzgados), pero ello no es un label democrático. La Democracia es el poder político del Pueblo, y se funda en la efectividad de los derechos humanos fundamentales. Todo lo que no sea esto, constituye su falsificación. [Volveremos sobre ello.]

Como no puede ser de otro modo, a los ciclos políticos en que se produce y modifica la política imperialista corresponden ciclos ideológicos que la sirven: cumpliendo así su cometido al servicio de la falsificación de la realidad y de la confusión y el engaño de las clases/Pueblos oprimidos. De este modo, el "Nuevo Régimen" militar y burocrático resultante de la República francesa, fingiendo que actuaba en nombre del progreso (y es aquí donde está su mayor originalidad: inspiradora de toda ideología totalitaria contemporánea), inauguró la Dictadura y el Terrorismo travestidos de libertad, derechos humanos y democracia; el Nacionalismo imperialista francés, con camuflaje y falsificación de universalismo, igualdad y libre disposición de los Pueblos; el belicismo, la agresión y el pillaje, bajo retórica de fraternidad humanista y pacifista; el fanatismo ideológico, so capa de ciencia, ilustración y religión republicana; la deificación del Estado, bajo pretexto de laicismo y moral cívica; y el colonialismo, con disfraz de civilización y progreso humanitarios.

"El pueblo francés parece haber tenido de siempre un cierto malestar en definir su identidad y en aceptarse como tal. Lo ha remediado mediante una fuga constante hacia un universalismo que además él ha decidido reducir a sí mismo". "La voluntad del genocidio cultural parece marcar a los pueblos latinos, y entre éstos, completamente en cabeza, a Francia." "La potencia del genocidio francés reposa ante todo sobre el mito de la universalidad de la cultura francesa." "Así que ellos se sorprenden de que el mundo entero no se les una de buen grado, y sufren crisis neuróticas de rabia cuando tropiezan con una lengua más fuerte, como el Inglés. El drama es que este mito asesino ha sido aceptado sin ninguna crítica y difundido con formidable eficacia por nuestras Escuelas Normales. Aunque creyéndose a menudo de izquierda, la masa de nuestros maestros se adhiere siempre al objetivo de travestir en universalismo las pretensiones nacionalistas de los Franceses." Ellos "han trabajado para destruir las solidaridades colectivas, y con ellas las culturas nacionales de las colonias". Ellos han formado así entre los Pueblos dominados por Francia "una burguesía desarraigada bien decidida a consagrarse [...] a la destrucción de sus propios valores nacionales, los cuales se le había enseñado a despreciar". (Yves Person; *'Impérialisme linguistique et colonialisme',* Les Temps modernes, n° 324-325-326, août-septembre 1973.)

Como consecuencia de todo ello, la falsificación histórica y la mistificación ideológica: implementadas para dar cobertura a la continuación y el reforzamiento del imperialismo nacionalista francés a costa de los Pueblos sojuzgados, siguen operando sus efectos hoy en día; e incluso en nuestro País, donde la cosa debería estar bien clara, tenemos que seguir soportando que pretendidos "historiadores vascos", incapaces de sustraerse a esa basura ideológica imperialista, sigan repitiéndonos la falsa y repugnante monserga de siempre: "la democracia y los derechos humanos [...] como valores surgidos de la Revolución francesa".

Los Pueblos resisten a la conquista por instinto de supervivencia, y en gran medida para evitar la pérdida de la memoria colectiva. Es evidente la relación entre las conquistas y la corrupción, así como la brutal represión en el interior de aquel Reino absolutista de Francia, cuyo pueblo era considerado por los demás Europeos como un pueblo sometido, un pueblo que estaba a la merced de su rey. A veces, teóricos nacionalistas han tomado ellos mismos conciencia de la naturaleza y los horrores de sus conquistas, y de las consecuencias materiales y morales del totalitarismo y la expansión de españoles y franceses sobre los otros Pueblos, su cultura y civilización; pero sería ilusorio creer que el simple recordatorio de los hechos históricos o sociológicos podría cambiar gran cosa frente al imperialismo.

Han percibido bien la crueldad y las atrocidades proverbiales de las fuerzas armadas del Reino de Francia: la Cruzada que ha asociado a los *'Roys de France'* y los Papas para llevar el terror, las masacres, la Inquisición, las hogueras, la devastación, el exterminio y la ruina al Languedoc; la anexión de Bretaña, que – realizada contra todo derecho – la ha sumido en la desesperación; la destrucción del Estado de Borgoña; las agresiones y las guerras de conquista de Flandes, de Alsacia y del Franco-Condado; o las consecuencias que – en retorno – tuvieron que sufrir los propios Franceses en forma de prefectos de policía, ayudantes y otros empleos semejantes provenientes de Córcega (la isla que ellos habían conquistado, colonizado y corrompido), quienes a su vez trataban a "los franceses" como si fueran población conquistada. Y así hasta llegar a la gran desgracia que le sobrevino a Francia y al mundo en la forma de Napoleón. (Una desgracia, por cierto, semejante a la que – tras haber sojuzgado a Georgia – le llegó también a Rusia en la forma de los "alógenos rusificados" que denunciaba Lenin, con personajes tales como Stalin y Beria.)

Han percibido el terror, el hambre, las masacres, la aculturación y deculturación, el aburrimiento, la sombría uniformidad y la humillación causados por ese Estado. Han descrito ese Estado como un pueblo que no es soberano en absoluto sino que es el mismo Estado burocrático, cruel y policiaco, ese mismo Estado de Richelieu, Luis XIV, la Convención, el Imperio y el de la III República ("¡y qué República!", Engels dixit) que ahogó en sangre la Comuna de París. Un Estado que derivó en aquel "organismo parásito", aquella maquinaria totalitaria que no sólo se ha mantenido a través de "las revoluciones políticas" sino que ha sido perfeccionada por cada cambio de régimen, como dice Marx.

El Nacionalismo español explotó el mismo procedimiento, que el actual fascismo renovado ha desarrollado con una extensión y una desvergüenza sin precedentes, hasta el punto de hacer del General Franco un ingenuo y retardatario aprendiz de dominación ideológica. Efectivamente, los ideólogos de su "Estado Nacional-sindicalista, totalitario, autoritario, unitario, imperialista y ético-misional: instrumento al servicio de la unidad, la integridad y la grandeza de la Patria, por el Imperio hacia Dios", así como de su Movimiento Nacional, no supieron ir más lejos – en sus tentativas de adaptación y camuflaje – que llegar al establecimiento del "Fuero de los españoles, la participación del Pueblo español en la Democracia Orgánica, y la auto-limitación de la Jefatura del Estado en que se concentran todos los poderes". Como puede verse, nada en su "honesta" propaganda podía compararse al reino de la impostura y la suprema desfachatez que sus "democráticos" sucesores han fabricado después, y que analizaremos más adelante.

En España: donde "casi no hubo feudalismo" y donde la revolución-invasión francesa fue el factor destabilizador efectivo del régimen, se abrió así la crisis de su Despotismo asiático, al igual que había ocurrido en Francia con el "Antiguo Régimen". En ambos casos, el resultado: propio de los Países políticamente subdesarrollados, no fue la homologación con los Estados democráticos históricamente constituidos sino la constitución de sus Ejércitos en clase política real, y la construcción de regímenes militares y burocrático-administrativos característicos del totalitarismo "moderno", con o sin disfraces y coberturas formales. El Ejército español era ya la clase política real y la columna vertebral de España desde 1812.

Y en ambos casos, el sentido de la democracia, la libertad y el poder popular auténticos: históricamente ausentes en Francespaña, desapareció, substituido por el vacío y el irracionalismo peculiares de los modernos despotismos y sus "consensos, Asambleas Constituyentes y Constituciones formales, elecciones, bi-partidismo y alternancia" a la española; los cuales quedaban establecidos en la realidad sobre una estructura política y un poder y una constitución reales predeterminados por la guerra, la represión y el pillaje: domésticos y coloniales. El interminable cortejo de guerras, Dictaduras, Imperios, Restauraciones, Repúblicas, revoluciones derrotadas y contra-revoluciones triunfantes que siguió, no hizo sino desarrollar y consolidar ese poder real; con el Fascismo contemporáneo como resultado acabado.

Dato histórico fundamental, el Nacionalismo imperialista moderno nació de la Revolución, la República y el Imperio. El Nacionalismo y el Terrorismo modernos no han sido obra ni consecuencia del despotismo y el imperialismo tradicionales sino del totalitarismo "liberal y socialista": mucho más radical, fanático y extremista que su predecesor. La síntesis de ambos se resuelve en el moderno Fascismo. El Fascismo y el Nacional-socialismo: que han desplazado, renovado y transformado a la derecha arcaica, despótica, militar y plutocrática, nacieron de los Partidos y Sindicatos de la "izquierda" Nacionalista, una vez que éstos fueron derrotados, reinventados, colonizados, impuestos y financiados por los Servicios oficiales o secretos de las Potencias dominantes, e incorporados, encuadrados o substituidos por los advenedizos de la reacción triunfante, que han recuperado hasta sus descoloradas etiquetas "izquierdistas" a fines de reclamo y publicidad.

Los agentes del Nacionalismo imperialista español fundaron su Estado, su derecho y su organización represiva en el despotismo asiático y en el obscurantismo y el fanatismo nacional-católico; en la Santa Inquisición hispano-romana, y en la empresa multi-secular y multi-continental de guerra, conquista, genocidio, destrucción, pillaje, asesinatos, tortura, ocupación militar, explotación, opresión y represión de Pueblos y sus legítimos Estados, de la que tan satisfechos se sienten. Todo lo cual hizo del Imperio español la mayor y más devastadora organización criminal trans-Continental que la Humanidad ha conocido.

Torturaron, quemaron vivos o expulsaron a cuantos judíos, musulmanes o herejes tuvieron la desgracia de caer en sus garras. Fueron todos ellos los actores del Nacionalismo más agresivo, destructor, racista, xenófobo e imperialista de la Historia; los que con arrogancia dieron al imperialismo su dimensión "universal" en los dominios donde no se ponía el sol; los campeones de la expoliación, la dominación racista y el genocidio tanto contra Pueblos europeos como de otros Continentes; los últimos celadores y guardianes: a escala mundial, de la servidumbre de la gleba (en España) y la esclavitud (en Cuba); los mismos campeones, durante siglos, de la Cruzada contra la masonería y el judaísmo internacional; y los protagonistas: precisamente en nuestro País, de la primera ofensiva continental del Nazi-Fascismo internacional. Ellos mismos son los actuales continuadores del Franquismo y el Nacionalismo imperialista y fascista español.

Los imperios español y francés se han fundado y conservado mediante la violencia, el terror y la conculcación de todos los derechos humanos fundamentales; y sus instituciones chorrean la sangre de sus innumerables víctimas. Los Pueblos que padecen su multisecular Nacionalismo imperialista son testimonio vivo de sus monstruosos crímenes. Acabar con esos testigos es la única forma – y un motivo suplementario – que encuentran de sobreseer responsabilidad y culpabilidad; de relegar a un "pasado" irrelevante el fundamento de la realidad contemporánea; y de borrar las huellas más evidentes del abominable, inolvidable, imperdonable e imborrable pecado original que la constituye. "Tales son los procedimientos idílicos" que constituyen el régimen vigente, al servicio de una empresa deliberada y permanente de genocidio total.

Toda la historia pasada y presente de España y de Francia está fundada en el esfuerzo constante por excluir de la comunidad humana a los Pueblos conquistados, e incluso a las minorías residuales dominadas. Vascos, Judíos y Moriscos, Guanches, Indios de América, Negros de África, Tagalos, Bereberes, Árabes o Vietnamitas saben demasiado de su política imperialista y racista de guerra, discriminación, apartheid y limpieza étnica. (Y de su actual reglamentación imperialista de la inmigración: Constituciones y Leyes contra la inmigración de los demás, régimen de fronteras, leyes de extranjería y de capacidad civil, de patriótica humanidad y exclusión general, y de proteccionismo mediante la Guardia Civil). Las leyes y los códigos de la nacionalidad y la identidad, que ellos desprecian cuando se trata de los Pueblos que ellos dominan aunque estén en sus propios Países, los reivindican para sí mismos y los ilustran con la expulsión de trabajadores; y la Matanza de las Alpujarras se actualiza en estos tiempos con las innumerables víctimas: hombres, mujeres y niños de los *boat-people* en el Estrecho y el Mediterráneo, fría y cínicamente convalidadas por la "dimensión humana" de la Unión Imperialista Europea.

Incontables ejemplos históricos: remotos o recientes, continentales o ultramarinos, han demostrado sin lugar a dudas que los imperialistas españoles y franceses son radicalmente incapaces de admitir y reconocer la realidad: la existencia y los derechos de independencia de los Pueblos que ellos han ocupado, anexionado y colonizado, mientras no hayan agotado hasta el último extremo todos los recursos de Violencia y Terrorismo de guerra y de Estado de los que disponen, e incluso mucho después. No cabe duda alguna de que el Fascismo: forma suprema y necesaria del imperialismo, seguirá utilizando sin restricción también aquí todos los medios de represión a su alcance para cerrar el paso a las fuerzas democráticas, y terminar de una vez y de manera definitiva con el Pueblo Vasco y su Estado ocupado, el Reino de Nabarra.

Como no podía ser de otra manera, la empresa imperialista inevitablemente acarrea consecuencias funestas también para las naciones predadoras, porque los Pueblos no aceptan nunca los "derechos" de agresión, conquista y colonización; causando entonces indirectamente el despotismo interno para los propios Pueblos predadores, a manos de los ejércitos que éstos necesitan en su empresa de opresión y expoliación externa. En los malganados dominios europeos o ultramarinos de los Imperios de España y Francia, y con el apoyo de los "liberales, socialistas y comunistas" nacionales, se templaron los sables y se curtieron los Generales y los Ejércitos coloniales que iban luego a someter sus propias metrópolis.

En tales condiciones, "los partisanos son incapaces de vencer a los ejércitos regulares; pero les hacen costoso el mantenimiento del orden, e imposible la pacificación". Las reservas de carne de cañón para las guerras imperiales y coloniales se habían cerrado; y aunque "las pérdidas en vidas humanas eran diez o veinte veces más elevadas del lado de los nacionalistas argelinos que del lado francés": en proporción inversa del coste económico de la "pacificación", aquel pingüe chollo colonial se había convertido en un negocio ruinoso. En estas circunstancias, la Cuarta República había dejado paso a la Quinta bajo la amenaza del ejército de África, dispuesto para saltar sobre París – como había saltado sobre España en 1936 – y hacer pagar a la metrópoli sus crímenes ultramarinos. La independencia argelina liberó también a Francia; en cambio, la de Cuba y Marruecos no pudo evitar el desembarco del General Franco.

En Indochina, Argelia, Marruecos, Cuba, Nabarra y Catalunya, los Pueblos "superiores" se forjaron sus propias cadenas de despotismo interno. Los ejércitos que ganan o pierden los Imperios son el factor decisivo del despotismo metropolitano. El Nacionalismo imperialista y el Colonialismo conllevan el Fascismo y el Totalitarismo internos: su Unión Sagrada se realiza en la dictadura militar, en el Partido único oficial o fáctico, y en el fin de las libertades en el comportamiento y en las ideas.

En la política multisecular que el Nacionalismo imperialista español y francés – ya sea despótico-asiático, absolutista, monárquico o republicano – ha practicado siempre en este País, la guerra de conquista de 1936 fue, tras ocho siglos de ocupación y desmembramiento, el mayor esfuerzo jamás realizado por el imperialismo español para acabar por la vía rápida y de una vez para siempre no sólo con la creciente Resistencia del Pueblo Vasco sino con su misma existencia. Las directrices y prospectivas del Cardenal Cisneros y Lebrija: establecidas al objeto de ensanchar y homogeneizar el Estado-nación español mediante la liquidación del sojuzgado Pueblo Vasco y de su Estado ocupado (A. Nebrija; *'Rerum a Fernando & Elisabe [...]; necnon Belli Navarrensis libros duos'*, Granada, 1545), alcanzaron un nivel de realización sin precedentes. En Marzo-Abril de 1937, los bombardeos aéreos de las ciudades de Durango y Gernika por el Nazi-Fascismo español e ítalo-germano buscaban – con el soporte de la División Littorio y la Legión Cóndor – arrasar y arrancar de raíz al Pueblo Vasco. La posición oficial española – establecida por Franco – sobre estas atrocidades, según la cual "fueron los nacionalistas vascos quienes incendiaron Gernika", sigue vigente.

Era explicable la euforia de los conquistadores y los asesinos: "Ha triunfado la España Una, Grande y Libre. Ha caído vencida, aniquilada para siempre, esa horrible pesadilla siniestra y atroz que se llamaba Euzkadi. Podían discutir sobre los supuestos derechos de Vizcaya a su autonomía o gobierno propio. Desde ahora hay una razón que está por encima de todas. La razón de la sangre derramada por defender la sacrosanta unidad de la Patria. No reconocemos más derecho que el derecho de conquista. Perseguiremos a los nacionalistas vascos por los montes como a fieras salvajes. Vizcaya es otra vez parte de España por pura y simple conquista militar. La espada de Franco ha resuelto definitivamente el litigio. En estas horas trágicas de Cruzada nacional están junto a nosotros la Alemania de Hitler, la Italia de Mussolini y la Portugal de Oliveira Salazar".

El régimen así establecido ha continuado realizando ese esfuerzo desde entonces. En los últimos ochenta años, el Pueblo Vasco ha sufrido heridas más importantes que en toda su inmemorial historia: la empresa de genocidio imperialista ha causado destrozos inmensos a su entidad e identidad nacionales. Sujeto a los monopolios absolutos de violencia y propaganda; incapaz de dar estructura estratégica a sus recursos virtuales y a su Resistencia espontánea; e ideológica y políticamente sojuzgado, el Pueblo Vasco – indefenso y desarmado – es víctima propiciatoria de sus caníbales vecinos españoles y franceses: los más agresivos, destructivos y sanguinarios predadores que la Humanidad ha padecido. En estas condiciones, sus perspectivas de salir con vida del proceso de liquidación sólo mediante su Resistencia espontánea y negándose a su cualificación estratégica: como está haciéndolo desde hace un siglo, son prácticamente nulas, muy inferiores a las del cordero en el cubil del lobo.

Españoles y Franceses pueden en ocasiones enfrentarse entre ellos por motivos diversos; pero son todos Nacionalistas, en el peor sentido de la palabra, y esta decisiva condición determina su comportamiento. Las raras excepciones son individuales. Esta comunidad fundamental ha sido el cimiento y el cemento de la reconciliación nacional, espíritu de la "transición". Dada la victoria total de la rebelión franquista, la "síntesis histórica de los contrarios" (S. Carrillo) sólo podía consistir en la destrucción del modelo del Nacionalismo imperialista de los vencidos, y en su incorporación al Nacionalismo imperialista de los vencedores. Gracias a ella, los diversos republicanos españoles, que – al igual que los franceses – sostuvieron siempre la ocupación militar como fundamento del imperio, se han integrado al Franquismo en el poder, y a su vez los Franquistas oficiales alardean de democracia; sin que su desvergüenza tenga consecuencias negativas para ninguno de ellos.

Los Franquistas tradicionales y los social-imperialistas españoles: Nacional-socialistas y Nacional-comunistas "convertidos" al Nacionalismo burgués, capitalista, monárquico-franquista etc., conmemoran y celebran – conjunta y patrióticamente – la Constitución formal española "liberal", monárquica, nacionalista, colonialista, racista y esclavista de 1812, madre y modelo de las que la siguieron; a su vez imitación de la Constitución formal francesa "liberal", monárquica, nacionalista, colonialista, racista y esclavista de 1791. Los autores de crímenes de guerra, contra la paz y contra la humanidad siguen campando por sus respetos, y conservan su escalafón y ventajas sociales por eminentes servicios rendidos a la Nación: la de ellos. Ellos y sus familias han conservado y acrecentado las prebendas, los frutos del latrocinio y los "donativos" institucionales de la era franquista: todos los bienes muebles e inmuebles requisados, confiscados y expoliados, disfrutan plenamente de ellos, y se benefician de reconocimientos, funciones, ascensos y remuneraciones a costa de sus víctimas.

Los propios ministros y criaturas del General Franco: cómplices, coautores, signatarios y beneficiarios de todos sus crímenes, y los esbirros y agentes ideológicos que oficiaron durante la guerra y su dictadura personal, disfrutan todos ellos de sus crímenes en toda impunidad, han ocupado un lugar distinguido entre los artífices de la transición intra-totalitaria, fundan Partidos y concurren a sus elecciones, desempeñan los más "altos" cargos públicos, conservan su sitio, y ejercen destacadas funciones en el "nuevo" régimen como "demócratas de siempre"; lo que, sin más, ilustra la naturaleza de la auto-reforma franquista, y la diferencia respecto de toda auténtica evolución o revolución del poder político.

ACEPTACIÓN POR LA "CLASE POLÍTICA OFICIAL VASCA" DEL RÉGIMEN FRANQUISTA COMO DEMOCRÁTICO

La ficción franco-española del "tránsito a la democracia" desde el Despotismo absolutista y el Fascismo, que los Franceses realizaron por "la Toma de la Bastilla y la Gran Revolución", y que los Españoles hicieron por un decreto de Arias Navarro – "el Carnicerito de Málaga" – y el "pacto constituyente" que le siguió, es el principio de una historia que tiene tantos principios y tantas peticiones de principio como la ideología dominante necesita. En cualquier caso, la "transición a la democracia" no anula, obviamente, la historia despótica que la precede, funda y constituye: la cual no puede cómodamente evacuarse y vaciarse como sus actuales herederos querrían hacer.

En 1977-1979 se realizaba la transición intra-totalitaria española: "de la ley a la ley" y desde el Primer Franquismo al Segundo, bajo el protectorado y con el beneplácito de las "democracias occidentales". La grotesca incorporación del régimen Nazi-Fascista del Franquismo (instaurado con el apoyo político y militar de las Potencias del Eje y la bendición del Vaticano) a esa "democracia plena" según el modelo totalitario francés que describíamos en el apartado anterior (es decir: plenamente criminal, imperialista, colonialista y fascista), ha cerrado el círculo de esta monumental impostura ideológico-política de "la república, la libertad, el liberalismo, el progresismo y la democracia" imperialistas que, desde la revolución Nacionalista francesa y hasta el día de hoy, han sido invocados durante más de dos siglos por los Estados de España y de Francia al objeto de disfrazar sus agresiones contra el Pueblo Vasco y su Estado, el Reino de Nabarra.

Esa operación ideológico-política fue impulsada por el Ejército español y consistió en la auto-reforma del régimen, sin tocar siquiera su monopolio de la violencia criminal ni los fundamentos de su tradicional Estado de ocupación militar, burocrático-castrense y cleptocrático; y dados el Nacionalismo y el Fascismo sociológicos imperantes en la sociedad española e internacional, fue generalmente aceptada. De este modo, y gracias al apoyo y la complicidad del imperialismo mundial que nunca les han faltado, los Españoles disponían ahora de un régimen político estable y seguro como no lo habían tenido nunca desde la caída del Imperio despótico-asiático multisecular "en el que no se ponía el Sol", al que atribuyen sus mayores glorias y en el que fundan su mitología nacional de la que tan orgullosos se sienten: la de la mayor y más devastadora organización criminal trans-Continental de fanáticos malhechores, asesinos y ladrones de toda la Historia de la Humanidad.

En cambio, el funesto desenlace de hacer que esa operación de la transición intra-totalitaria española fuera instaurada en nuestro País y "oficialmente aceptada" por el Pueblo Vasco, eso fue el resultado de la corrupción de la "clase política oficial vasca": la burocracia Pnv-Eta y sus satélites. (Hemos expuesto esta perniciosa evolución en el trabajo publicado en el blog NABARRA-KO ERRESUMA bajo el título: *"La burocracia Pnv-Eta, o 'las familias políticas abert-*

zale'. Su evolución y degradación: desde concepciones erróneas e infraestratégicas, hasta su conversión en una mafia liquidacionista".)

En síntesis, ese funesto desenlace fue – en primer lugar – el resultado de concepciones generales erróneas y de graves insuficiencias ideológico-políticas del nacionalismo vasco, que se remontaban a los orígenes mismos de ese movimiento; ante todo por su dramática ignorancia/negación de nuestro propio Estado histórico, el Reino de Nabarra, así como del derecho de autodeterminación o independencia del Pueblo Vasco, y ello en los momentos mismos en que ambos principios fundamentales eran invocados como piedra angular en los procesos de independencia de Pueblos y Estados que desde 1917 a 1918 ocurrieron ante sus ojos, como es el caso de Finlandia, Estados Bálticos, Polonia y Checoslovaquia. Era también resultado de un largo proceso de colonización ideológica y sumisión política de la burocracia Pnv-Anv bajo el influjo de la "oposición" Nacional-imperialista española (fundamentalmente el Nacional-socialismo de Ugt-PsoE), ocurrido durante la etapa del exilio tras la guerra de 1936-1937. Todo lo cual condujo en primer lugar a que dicha burocracia "vasca" abandonara de forma subrepticia tanto la política oficial de liberación nacional, así como el Gobierno Vasco en el exilio, como consecuencia de sus pactos de liquidación con aquella "oposición" española que culminaron con el pacto de Múnich en 1962.

Como consecuencia de todo ello, finalmente la burocracia liquidacionista Pnv: auxiliada por sus satélites y compañeros de viaje, al llegar en 1977 el momento de la transición intra-totalitaria al Segundo Franquismo, le aseguró al imperialismo español ante el mundo entero – en aquel momento crítico de máxima debilidad para él – la continuidad y consolidación de su régimen fascista como "democrático", al aceptar participar en sus "elecciones generales" totalitarias al igual que había hecho en las de 1931. Salvaba de este modo al Franquismo de algo que lo aterraba (al igual que a la propia burocracia Pnv), a saber: el ridículo y la catástrofe a escala mundial que habría supuesto para aquella fraudulenta operación su boycott masivo por el Pueblo Vasco, como expresión de su constante y determinada voluntad nacional y estatal, totalmente incompatible con su inserción en los Estados imperialistas y totalitarios de España y de Francia, establecidos y mantenidos sobre nuestro Pueblo y Estado por ocupación militar y horrendos, imprescriptibles e incontables crímenes constitutivos.

Dos años más tarde, era la burocracia del Eta: ideológica y políticamente recuperada también por el social-imperialismo español, la que certificaba su capitulación – en primer lugar, electoral – y su definitiva traición al Pueblo Vasco, al participar en las siguientes "elecciones generales" españolas de 1979; una situación en la que el conglomerado burocrático Pnv-Eta ha continuado hasta la actualidad durante más de cuarenta años ya.

El boycott total al régimen neo-Franquista español era – y sigue siendo – un objetivo que perfecta, pacífica y cómodamente podría haberse conseguido "de forma natural", de no haber mediado la traición de los agentes que componen la burocracia Pnv-Eta: unidos ya desde entonces hasta el día de hoy en el sostenimiento del régimen y las instituciones del Estado fascista español (que esos agentes aceptan y toman como democráticos y los suyos propios); así como en la participación y disputa – como auténticas bandas – por los beneficios de su corrupción, instaurada bajo un "sistema autonómico regional" español que es totalmente engañoso y letal para el Pueblo Vasco.

Esta burocracia de traidores calumnió/saboteó a quienes – ya desde Mayo 1977 – habían llamado al Pueblo Vasco al boycott a las "elecciones generales" neo-franquistas; las cuales actúan desde entonces "legitimando" el imperialismo español, y negando el Pueblo Vasco y sus propias instituciones nacionales y estatales: oficialmente inexistentes para el régimen así "legitimado". Frente al llamamiento de aquel grupo al boycott a la legitimación del régimen que las "elecciones" significaban, la burocracia Pnv-Eta convocó a nuestro Pueblo – y sigue convocándolo hasta el día de hoy – a la participación "electoral" y por tanto al inevitable reconocimiento del régimen imperialista español como "el suyo propio y además democrático" etc.; haciendo imposible con ello toda política de liberación nacional del Pueblo Vasco. Las desastrosas consecuencias de ese fraude ruinoso de la "España democrática" del Segundo Franquismo pesan cada día más gravosamente sobre nuestro Pueblo (e incluso sobre los miembros realmente productivos de la Unión Imperialista Europea), y nos arrastran y colocan en el camino de nuestra desaparición por liquidación del Pueblo Vasco: objetivo fundamental, constante e invariable del imperialismo español y francés desde su aparición en la historia.

"En el Segundo Franquismo, al igual que ocurría en el Primero, las organizaciones políticas y sindicales oficiales son órganos regulados y financiados por el poder político establecido, que cuenta con el apoyo de las instituciones 'internacionales' correspondientes. Quienes creen que los Gobiernos, partidos, sindicatos y mafias funcionan todavía como en el siglo XIX, mal pueden comprender que en los actuales Estados el papel político de estas organizaciones se ha visto reducido al de correas auxiliares de transmisión, control, información e intoxicación al servicio del *Gobierno real*, el cual las fabrica y del cual dependen para existir y subsistir.

"De este modo, y bajo el régimen salido de la 'transición' española al Segundo Franquismo, las organizaciones indígenas del colaboracionismo 'vasco': las burocracias liquidacionistas Pnv-Eta y sus satélites, son corporaciones que tratan de explotar en provecho propio las condiciones del orden político-económico imperialista y fascista en el que han nacido, y que han aceptado, asumido y reconocido: un orden al que todo deben y que defenderán por todos los medios de que disponen. Es así como han corrompido nuestra sociedad hasta el tuétano, creando un sucedáneo de País Vasco: un 'país burocrático y autonómico' enteramente dependiente del poder franco-español establecido; una simple maquinaria para dar cargos, sueldos y enchufes a una capa social de 'administradores' al servicio de ese poder, que se ha apoderado de este País y en donde nadie que aspire a poder trabajar en su propia actividad puede permitirse la crítica y la denuncia contra esta situación.

"La corrupción es la función primera que cohesiona y engrasa los órganos y la clientela de las Administraciones 'autónomas', las cuales han creado capas sociales enteramente dependientes de ellas, y dispuestas a todo para conservar los privilegios que deben al fascismo en el poder. Tales tramas se benefician del monopolio de la violencia y el terror; del monopolio de propaganda y de la resultante ruina de la libertad de expresión; de la protección política de sus actividades; de la financiación oficial, oficiosa o fraudulenta de sus Organizaciones mediante el correspondiente monopolio de extorsión, corrupción y sinecuras administrativas; así como de una enorme clientela de funcionarios 'públicos' y de su red de empresas 'privadas'.

"La corrupción en la redistribución del producto social se efectúa según el esquema de costumbre: por intersección y colusión de funcionarios, políticos, sindicalistas, empresarios privados y mafia especializada en la organización y explotación del filón. El sistema de 'puertas giratorias': que dan paso – tras el ejercicio de las más 'altas magistraturas' – a dorados cometidos nominales en grandes Corporaciones, es sólo el ejemplo más llamativo y escandaloso de recompensa en esta estructura de corrupción institucional. Por desgracia, una vez que esos beneficiarios han demostrado sumisión al poder imperialista y fascista establecido: única competencia básica que era necesaria para ejercer sus anteriores cargos, cualquiera puede imaginar la 'decisiva' aportación que tales 'figuras' de la 'alta política' pueden hacer a las finanzas y el management industrial-comercial en sus nuevos puestos.

"El grupo Pnv-Eta es indisociable del régimen en que ha surgido y se ha desarrollado. Siendo – como lo es – un grupo burocrático y corporativo, tiene como tal por objetivos fundamentales la conservación y reproducción de su propia entidad; lo cual sólo puede conseguir mediante su propia adaptación e incorporación al régimen en que se ha conformado. Sus agentes y beneficiarios han aceptado desde hace casi medio siglo el régimen imperialista franco-español como la única e inamovible realidad política: son factores de su estabilidad y permanencia, se mueven en ella como pez en el agua, y no tienen ni idea ni tampoco intención de hacer nada por cambiarla. El Pueblo Vasco y sus derechos (por no mencionar su Estado propio: el Reino de Nabarra, que no reconocen mientras admiten por el contrario el Estado ocupante español o el francés como el suyo propio) son conceptos y términos que ellos en la práctica no mencionan en absoluto, y que substituyen por 'la población' o 'la ciudadanía'. Para ellos, nuestro País es únicamente el filón a explotar y exprimir por cuenta propia hasta su agotamiento total; al menos mientras dure la credulidad e ingenuidad del Pueblo Vasco: abducido por su propaganda desde los media del régimen que ellos tienen a su servicio.

"Los 'moderados y radicales' Pnv-Eta prefieren la continuación del imperialismo y el fascismo: en los que ellos están integrados desde 1977-1979, antes que una ideología y una política democráticas, que pondrían en peligro al poder establecido y a sus cómplices. Sus intereses individuales, burocráticos y corporativos los han llevado a consolidar la 'reconciliación' con el imperialismo y el fascismo franco-español en el poder, y a temer y rechazar toda veleidad de oposición ideológica o política contra ellos. Y si – en consecuencia – los conceptos y términos de 'imperialismo', 'fascismo' y tantos otros han ido desapareciendo también de su propaganda, ello es porque necesitan adoptar los correspondientes a la 'democracia pacífica con déficit, aunque reformable', del fascismo transitivo español en la que ellos han decidido integrarse. Para que la 'política' Pnv-Eta de 'elecciones, persuasión, diálogo y negociación' tenga 'sentido y perspectivas', es necesario que el imperialismo y el fascismo no existan. Y como la realidad es la que es, a los auxiliares locales 'vascos' incumbe ocultarla." (Publicaciones Iparla.)

La "aristocracia" burocrática Pnv-Eta desprecia, suplanta y engaña al Pueblo Vasco. Esta burocracia forma la corrupta clase política vasca que, tras la pérdida de la guerra y el exilio, ha aceptado el papel de auxiliar local del imperialismo franco-español; bajo cuyo amparo y con cuyas espléndidas retribuciones prospera desde entonces, y al que, a cambio, le está asegurando la "estabilidad" mediante sus "prestaciones políticas".

Estas "prestaciones", que esos agentes compaginan con la hipócrita demagogia de excitar al Pueblo contra el régimen español de ocupación militar que ellos mismos han aceptado como legítimo y democrático etc., del que ellos son socios, cuyas "instituciones" sostienen, y que a su vez los sostiene a ellos y los retribuye espléndidamente con la exacción de impuestos de sus conciudadanos, consisten estrictamente en:

– la ocultación-negación de la existencia misma del Pueblo Vasco, de su Estado propio: el Reino de Nabarra, así como de sus instituciones jurídicas propias y soberanas que derivan de su originario, inherente, imprescriptible e inalienable derecho internacional de autodeterminación o independencia;

– la falsificación, negación y destrucción del derecho internacional de autodeterminación o independencia del Pueblo Vasco, que esa "clase política" y sus no menos incompetentes y corruptos "juristas y especialistas" ignoran y pretenden substituir por un supuesto "derecho a decidir" realizado bajo el criminal régimen de ocupación militar franco-español. Un régimen – y los resultados derivados de él – que esos agentes toman como base fundamental y punto de partida de toda legítima legalidad;

– el abandono y la liquidación de toda política de liberación nacional del Pueblo Vasco y de su Estado ocupado;

– el reconocimiento del régimen fascista franco-español de ocupación militar, y de sus Estados criminales, imperialistas, colonialistas y fascistas, como los regímenes y Estados democráticos y propios del Pueblo Vasco;

– la aceptación de la saca de capitales por el tributo colonial, y de la explotación del Pueblo Vasco y de sus recursos y fuerzas productivas, privándolo de todo control sobre los Territorios y las fronteras de su Estado; y

– la desnacionalización de nuestro Pueblo, su intoxicación ideológica, su embrutecimiento intelectual/cultural, y su pérdida de todo contacto con la realidad del mundo actual; lo cual esta "clase política vasca" realiza desde una deleznable radio-televisión española – que llaman *'euskal irrati-telebista'* – que el régimen ha puesto en manos de esos agentes autóctonos para tal finalidad.

Todo ello lo camuflan y substituyen por una falsa y sumisa "reivindicación" del cumplimiento íntegro de un "estatuto de autonomía" otorgado: para tres "provincias" españolas que la burocracia Pnv-Eta y el régimen llaman "Euskadi", y para otra más que llaman "comunidad foral de Navarra". Dichos "estatutos" son expresamente formulados como "derecho interno" dentro del marco jurídico de "la unidad constitucional" del criminal imperialismo español. Esta "unidad constitucional", tomada por esa burocracia de "políticos vascos" como fuente y origen de toda legalidad y legitimidad democráticas, niega expresa y "constitucionalmente" (al igual que lo hace el imperialismo francés) todo *derecho internacional* propio – e incluso la existencia misma – del Pueblo Vasco y de su Estado, excepto como una parte alícuota e integrante de "la nación española": una e indivisible y fuente única de todo derecho.

ESTRATEGIA DE LA NACIÓN VASCA PARA SU LIBERACIÓN DEL IMPERIALISMO DE ESPAÑA Y FRANCIA

"Al Nacionalismo imperialista y al Fascismo sólo se los combate con fuerzas democráticas: estén donde estén, con elecciones o sin ellas; pero siempre mediante una oposición ideológica y política coherente, permanente y consecuente de nivel estratégico. Si las fuerzas democráticas de oposición no existen, o si – aun existiendo – éstas no pueden o no quieren alcanzar un nivel estratégico, entonces no se los combate con nada." (Iñaki Aginaga)

Sin embargo, el mantenimiento de una permanente y estéril agitación conlleva un funesto coste en términos de trágica secuela de represión y ruina económica y social general del Pueblo oprimido. Éste es el escenario ideal para los desaprensivos o los demagogos incapaces, que han decidido establecer su *modus vivendi* explotando la ilusión de que es posible combatir al Nacionalismo imperialista y al Fascismo con una oposición infrastratégica, la cual es por tanto totalmente inútil.

En estas circunstancias, el llamamiento a una abstracta "unidad entre Vascos" sin tener en cuenta esta realidad actual de corrupción-abandono-liquidación de toda estrategia de liberación nacional: mantenidos durante casi medio siglo ya por la burocracia Pnv-Eta y sus satélites que forman la "clase política oficial vasca", esconde un designio de engañar al Pueblo Vasco para que se vuelva contra quienes supuestamente "no desean/impiden la unidad". En cualquier caso, ello está impulsado por esa "clase política" desde sus monopolios mediáticos como un fetiche, y totalmente al margen de las condiciones y la base estratégica en las que una auténtica unidad anti-imperialista debe estar fundada.

(Incidentalmente, es preciso aclarar a este respecto: frente al charlatanismo – y la cara dura – de quienes acusan a los demás de divisionismo, que toda división es, cuando menos, cosa de dos: ni Dios todopoderoso puede dividir por uno. Pero, para estos desaprensivos, siempre son los demás quienes dividen, no ellos mismos.)

Así pues, la cuestión está en saber qué se divide y para qué, puesto que la "unidad" no es un ídolo al que se deba servir necesariamente. Por supuesto, si de lo que se trata es de hacer las cosas bien, para ello conviene estar unidos; pero si es para hacer las cosas mal, entonces más vale estar desunidos y fomentar además la desunión frente a quienes quieren llevarnos a todos "unidos" al desastre. En una tal situación, las llamadas a la unidad son en el mejor de los casos palabrería insensata, vacía o hipócrita: más vale una división neta y progresiva, que una "unión" falaz y reaccionaria. La unión reaccionaria y suicida tras un flautista de Hamelin que nos conduce al despeñadero debe ser combatida: en ese caso, es precisamente la "falta de unidad" la que nos permite preservar los factores de restauración y regeneración ideológica y política, los cuales no podrían ser salvados si todos camináramos unidos hacia el desastre.

Por otra parte, la unión progresiva y estratégica de nuestra base sociológica no es sólo necesaria, es además posible. Y ello porque en un País sojuzgado bajo un régimen Nacional-imperialista y fascista sólo puede haber lugar para dos Partidos reales, a saber: el de la integración al criminal poder imperialista de ocupación militar, por un lado; y el de la Resistencia, por otro. Y dado que el régimen Nacionalista de ocupación militar parte de la NEGACIÓN TOTAL de la existencia misma del Pueblo y el Estado Vascos, como un recurso ideológico para mejor destruirlos en la práctica: lo cual es nuestra situación bajo la dominación franco-española, la posición de la Resistencia frente a esa dominación debe consistir en la REAFIRMACIÓN de nuestro Pueblo y Estado, y de sus imprescriptibles derechos fundamentales de autodeterminación, independencia e integridad que ampara el derecho internacional.

El partido del imperialismo está integrado por todo el Nacional y el social-imperialismo de la metrópolis (con todos sus diversos avatares "a la derecha y a la izquierda", y arteramente desdoblado en una diversidad de franquicias locales), que se apoya en las fuerzas militares de ocupación, en los Colonos metropolitanos y en los Renegados autóctonos, y que se camufla tras una falsa fachada pretendidamente "democrática, liberal, progresista, socialista" etc. la cual oculta su auténtica realidad Nacionalista-imperialista española o francesa. Y el partido de la Resistencia, está integrado por todos los colectivos de nuestro País bajo la común identidad de que su objetivo es y sólo puede ser conseguir lo que es el factor decisivo para recuperar nuestra libertad nacional, a saber: la expulsión de las fuerzas de ocupación militar que el Imperialismo Nacionalista de España y Francia mantienen en nuestro País para dominar el Pueblo Vasco y su Estado, puesto que ellas constituyen el dispositivo estratégico fundamental de dominación/explotación de esas criminales Potencias ocupantes, sin el cual sus "partidos y fuerzas políticas" no son nada.

Los Pueblos sólo se unen y movilizan por grandes causas y en todo caso por la Libertad nacional; no lo hacen para fines que no lo merecen. Sólo puede haber unidad en función estratégica, y ese objetivo: que es estratégico para el sojuzgado Pueblo Vasco, es el único que puede concitar la reunión de todas sus fuerzas de oposición democrática, para recuperar la independencia nacional y restaurar su propio Estado, el Reino de Nabarra. Otra cosa será cuando la independencia nacional sea ya efectiva, el Imperialismo Nacionalista franco-español haya sido expulsado, y haya una situación de real libertad, en cuyo momento podrán manifestarse diferentes opciones partidistas; pero, hasta ese momento, toda división partidista interna del Pueblo sojuzgado lleva y sólo puede llevar a su debilitamiento y por tanto a perpetuar la actual dominación del Imperialismo Nacionalista hispano-francés sobre él.

Por lo tanto, frente a ese funesto divisionismo interno, el Pueblo Vasco debe ignorar todo llamamiento de esos "partidos vascos", ya que son llamamientos a la aceptación del régimen "autonómico" de ocupación militar, diseñado y establecido para nuestra liquidación nacional a través de la falsificación y el engaño.

"La disimulación, la falsificación, la mentira, la doblez, la perfidia y la hipocresía son instrumentos idóneos y normales de la política y la diplomacia; y engañar y traicionar al enemigo es lo propio de la política, más aún de la imperialista. Por lo tanto, no dejarse engañar ni traicionar es la primera obligación y la primera condición para actuar en política. Si los 'políticos vascos' profesionales – o al menos remunerados como tales – ignoran esto, ello significa que son auténticamente incapaces, anormales o retrasados mentales. Y si lo saben y aun así lo permiten, entonces es que se han pasado ya al enemigo. Los Pueblos oprimidos que se dejan engañar por 'profesionales' como éstos no deben lamentar su mala suerte: desembarazarse de su esterilizante tiranía es una tarea de salud pública sin la cual el restablecimiento de las fuerzas democráticas es imposible.

"Son el Pnv y sus satélites armados y desarmados quienes no son de fiar. Son los colaboracionistas y los cómplices: la supuesta clase política oficial indígena y sus impresentables representantes, quienes han engañado y traicionado a este País: abandonado en la trampa mortal sin salida en que lo han encerrado. Ellos son lo único *'contra na-*

tura', que se pone de manifiesto una vez más.

"Apoyaron, reforzaron, acreditaron, auxiliaron, encubrieron y disfrazaron a sus entrañables aliados [del PsoE o incluso del Pp] tanto y tan bien, que éstos pueden ya pasar o creen poder pasar de ellos para seguir embaucando al Pueblo, y acabarán tirándolos a la basura en el momento oportuno. No cabe esperar nada nuevo de las episódicas e hipócritas pataletas del Pnv y de sus satélites armados y desarmados, que no asustan a nadie y menos aún a sus amos tradicionales. Institucionalistas armados y desarmados no tienen alternativa de cambio ni de recambio a la estrategia imperialista, de la que ellos son producto. Sólo pueden seguir en las mismas mientras les dejen.

"Esperan y buscan el más leve gesto propiciatorio del Partido franquista español – ya sea en su versión tradicional del Partido del Movimiento, o en su versión Nacional-socialista de Falange-PsoE – en eventual dificultad; lo cual basta para que los históricos tontos útiles o aprovechados inútiles de siempre acudan al reclamo: sin condiciones y con lágrimas en los ojos, a fin de recuperar la añorada, cordial, entrañable y abyecta condición que les es propia, y dispuestos a volver a empezar (traicionando y persiguiendo para ello a todo y a todos los que haga falta), con la esperanza de prolongar durante algún tiempo sus miserables privilegios. Quienes han vendido el País a cambio de miserables intereses y mezquinos privilegios: individuales y corporativos, 'descubren' ahora que también peligran unos y otros; aunque barreras institucionales, nepotismo y paracaídas dorados por eminentes servicios prestados suavicen todavía el aterrizaje. Roma siempre paga a traidores mientras le son necesarios o útiles; pero dejará de hacerlo cuando dejen de ser necesarios." (*'Euskal Herria y el Reino de Nabarra: el Pueblo Vasco y su Estado, frente al imperialismo',* Publicaciones Iparla.)

Frente a ello, la actual unión política del Pueblo Vasco, y la institucionalización de su Resistencia Nacional contra el criminal Nacionalismo imperialista y colonialista franco-español, se realizan estratégicamente en torno a un Movimiento Vasco de Resistencia y Salvación Nacional fundado sobre dos únicos principios fundamentales que, siendo el fundamento mismo de toda auténtica Democracia y de la reafirmación nacional-estatal del Pueblo Vasco, y precisamente por serlo, son sin embargo totalmente inasumibles e irrecuperables por el imperialismo y sus agentes ideológicos y políticos: abiertos o encubiertos; mientras que por el contrario son absoluta e inmediatamente asumibles por todas las fuerzas de oposición democrática, unánimemente aglutinadas en torno a ellos. Esos principios son y sólo pueden ser:

1- AFIRMACIÓN DEL DERECHO DE AUTODETERMINACIÓN DEL PUEBLO VASCO

Los Derechos Humanos Fundamentales (DDHH) son inherentes, originarios, inmediatos, incondicionales, continuos, permanentes, intransmisibles, inalienables, irrenunciables e imprescriptibles; condicionan, presiden y subordinan la problemática toda de la violencia, de la paz y de la política en general. Constitutivos de toda libertad y democracia, no se votan, ni se someten a la decisión de nadie, ni se piden, ni se conceden, ni se otorgan, ni se condicionan, ni se pactan; no son materia de opción ni se remiten al juego de "mayorías y minorías". No son accesorios que se toma o se deja o se falsea – según los momentos o la ocasión – por interés, venalidad, incompetencia, desenvoltura o simple oportunismo. Simplemente: o bien libremente se ejercen, o criminalmente se conculcan. Las infracciones contra los DDHH son crímenes internacionales intemporales e imprescriptibles de guerra, contra la paz y la seguridad, y contra la Humanidad.

134

Imperialismo, por un lado, y Autodeterminación, Independencia o Libre-Disposición de los Pueblos, por otro, son conceptos constitutivamente correlativos y antagónicos: no pueden ser ni existir el uno sin el otro, y mutuamente se constituyen el uno contra el otro. La Autodeterminación de los Pueblos, es decir: su Independencia originaria frente a toda dominación o intromisión política foránea que constituye el Imperialismo, es el primero de los DDHH y la condición previa de todos ellos:

"El derecho de los pueblos y las naciones a la autodeterminación. A - *Por cuanto* el derecho de los pueblos y de las naciones a la autodeterminación es condición indispensable [a prerequisite] para el pleno disfrute de todos los derechos humanos fundamentales, [...], *Por cuanto* los Miembros de las Naciones Unidas, con arreglo a las disposiciones de la Carta, deben respetar el mantenimiento del derecho de libre determinación en otros Estados, *La Asamblea General recomienda que:* 1. Los Estados Miembros de las Naciones Unidas deberán mantener el principio de autodeterminación de todos los pueblos y las naciones;" etc. [UNGAR 637 A (1952)]

Se trata de un derecho fundamental, irrenunciable e inmanente de todos los Pueblos sobre el no hay nada que votar ni decidir, porque *"Todas estas cuestiones caen dentro del derecho humano natural, del que no es posible abdicar incluso con el propio consentimiento"*. (B. Spinoza; 'Un Tratado Teológico-Político', 1670.)

Así pues, un derecho humano fundamental – y la Autodeterminación o Independencia originaria de los Pueblos es el primero y la condición previa de todos ellos – no depende de "votación mayoritaria" alguna sino que la precede y condiciona. De otro modo, ese derecho no sería fundamental sino fundado por la votación, cuyo derecho: "derecho a votar y decidir mayoritariamente", sería entonces el derecho fundamental, precedente y antinómico de los DDHH. Esto es una pura aberración que podría aplicarse a la "legalización por mayoría" (y por tanto "democráticamente", según pretende la falsificación ideológica desarrollada por el "moderno" Totalitarismo) de crímenes contra la Humanidad tales como la esclavitud, el colonialismo o el imperialismo contra Pueblos y Naciones originarios, como de hecho así ha ocurrido.

El derecho de Autodeterminación o Libertad Nacional de los Pueblos es el correlativo contrario del imperialismo actual o virtual, de modo que la instauración de éste implica necesariamente el surgimiento de aquél. El imperialismo implica: *'per se'* y *'a contrario'*, el derecho de Libertad Nacional o Autodeterminación; y viceversa. El derecho de autodeterminación de los Pueblos frente al imperialismo o bajo régimen imperialista es su derecho de independencia efectiva, incondicional e inmediata. Implica, sin otra forma de proceso, la evacuación inmediata de todas las fuerzas de ocupación asentadas en los Territorios y Países que el imperialismo mantiene sojuzgados; sin que la forma de la entidad que lo substituya tenga relevancia alguna al respecto. "Fuera de los Estados y Territorios ilícitamente ocupados y anexados" es la simple y única norma fundamental del acto de autodeterminación, en la cual se realiza el derecho de autodeterminación bajo el imperialismo.

El Imperialismo es el negativo de la Libertad, Autodeterminación o Independencia de los Pueblos, de la integridad de sus Estados, y de toda Democracia. El Imperialismo, es decir: la negación/violación de la Autodeterminación de los Pueblos, y de la integridad e independencia de sus Estados legítimamente constituidos sobre el principio de Autodeterminación o Independencia de todos los Pueblos, es un crimen internacional. Así pues, frente al criminal e inexistente "derecho" de imperialismo – *'might is right'* – de los Pueblos y Estados predadores, surge inmediatamente el derecho de autodeterminación o independencia de los Pueblos sojuzgados, en aplicación de este axioma: "Si hay imperialismo, hay derecho de autodeterminación; si no hay imperialismo, no hay derecho de autodeterminación (ni falta que hace)". (Iñaki Aginaga.)

Según su costumbre, la ideología imperialista y colonialista ha tratado de limitar el derecho de autodeterminación o independencia de todos los Pueblos, creando la mayor confusión posible y falseando y modificando los términos y los conceptos. Una de estas deliberadas confusiones es la aplicada sobre los Pueblos Indígenas. La cuestión de los "Pueblos Indígenas" es especie de la cuestión general del imperialismo; de la libertad y el derecho de los Pueblos. Hay Pueblos Indígenas con Estado o sin él, mayoritarios o minoritarios, dominantes o dominados; pero en cualquier caso un Pueblo: sean cuales sean sus características, no es una "minoría", e incluirlo así en el heterogéneo conjunto del botín imperialista, a fin de hacerlo aparecer como "minoritario", es un truco demasiado evidente y burdo.

Las "minorías" no son Naciones o Pueblos, y no tienen derecho de autodeterminación; es decir: no crean derecho, sólo lo padecen. Como tales, están perdidas. Las hipócritas convenciones, exhortaciones y resoluciones internacionales sobre "protección y derechos de las minorías, de las lenguas minoritarias o regionales" etc. no impresionan a nadie y menos aún a los Estados dominantes, que tienen muy claro lo que quieren hacer y lo hacen con arreglo a sus posibilidades. Si se andan con dilaciones o contemplaciones es porque no pueden hacer otra cosa, y simplemente están a la espera de más favorables circunstancias. Y si alguna vez retroceden, es sólo para mejor poder saltar a la primera ocasión.

Dado que sólo un Pueblo – y no una minoría – es sujeto agente del derecho internacional de autodeterminación de todos los Pueblos, la tarea que los agentes foráneos y autóctonos del imperialismo franco-español realizan a su servicio en nuestro País debe consistir de entrada y ante todo en negar la existencia misma del Pueblo Vasco/Euskal Herria; lo cual ellos llevan a cabo ocultando ese concepto y término, y evitando hacer toda referencia a él.

Cuando se expresan en Español, esto lo remedian evitando totalmente utilizar la expresión 'Pueblo Vasco' y substituyéndola de forma sistemática por 'la ciudadanía vasca'. Y cuando utilizan su expresión en Euskara, la labor de los Renegados y Traidores vascos: auxiliares indígenas al servicio del imperialismo y el colonialismo franco-español, consiste en corromper/destruir el contenido del término 'Euskal Herria'. Este inequívoco término/concepto: que – palabra por palabra – es la única y natural expresión-traducción en Euskara de "Basque People/Baskische Volk/ Peuple Basque/Pueblo Vasco" etc., no sólo es para ellos impreciso; afirman además en su neo-lengua que él tiene un significado "dinámico". En otras palabras: que la extensión y comprensión de este término/concepto cambian y se encogen sin cesar, puesto que dependen de la presencia social del Euskara. De este modo, según la lógica formal de estos charlatanes agentes del "dinamismo" colonialista y fascista franco-español, el concepto de 'Pueblo Vasco/Euskal Herria' consiste únicamente en su histórica regresión territorial y humana ligada a la destrucción del Euskara entre el Pueblo Vasco. Como es bien sabido, esto es el resultado de la imposición del Español y el Francés mediante la "dinámica" ocupación militar de nuestro País y Estado por los Estados Nacional-imperialistas y totalitarios de Francespaña.

Y a todo esto se añade además la falsificación del derecho de autodeterminación de todos los Pueblos, que esos agentes substituyen por un inexistente "derecho a decidir", el cual según ellos debe ser ejercido dentro de y bajo las condiciones de los Estados imperialistas de España y de Francia: aceptados por ellos como legítimos y democráticos y los Estados propios, y punto de partida de toda legítima legalidad. El hecho de que los burócratas liquidacionistas Pnv-Eta y sus diversas sucursales e "intelectuales": pretendidos "nacionalistas vascos" cómplices del imperialismo "democrático" franco-español, participen de estas operaciones con relación a nuestro Pueblo (que ellos niegan como tal y al que niegan también su propio Estado, al tiempo que reconocen a los criminales Estados ocupantes como democráticos etc.), muestra una vez más las nefastas consecuencias de sus orientaciones, que se han mantenido desde sus orígenes mismos. (Estas cuestiones han sido más ampliamente expuestas en el texto "Aportación del grupo Pnv-Eta a la falsificación del derecho de autodeterminación y al fraude reaccionario: el 'derecho a decidir'", publicado en el blog de

NABARRA-KO ERRESUMA el 8-Noviembre-2021.)

"Los derechos humanos y las libertades democráticas en general son inconciliables con el imperialismo y el colonialismo. El imperialismo no es 'compatible ni incompatible' con la democracia, es excluyente de ella. Imperialismo y democracia son contradictorios. La idea de 'democracia imperialista o colonialista' es contradictoria en los términos: si hay democracia, no hay imperialismo; si hay imperialismo, no hay democracia. La Autodeterminación o Independencia de los Pueblos frente al imperialismo no es fin o resultado aleatorio de la democracia, es constitutiva de ella: sin Autodeterminación o Independencia, no hay democracia. Un 'imperialismo democrático' es una simple contradicción en los términos: no existe ni puede existir, no ha existido ni existirá jamás. El imperialismo no es una 'opción' democrática sino todo lo contrario." (*"Derechos humanos y democracia"*; Publicaciones Iparla.)

El derecho de autodeterminación de todos los Pueblos contra el imperialismo, y de independencia e integridad de sus Estados legítimamente constituidos sobre dicho principio, ha sido siempre un derecho fundamental, consuetudinario e inherente de todos los Pueblos; al menos de los Pueblos capaces de ejercer el derecho individual y colectivo de legítima defensa: un derecho también fundamental e inherente, e inseparable del derecho de autodeterminación, que los Estados miembros de la Organización de las Naciones Unidas (ONU) opusieron siempre como límite a las competencias de los otros Estados y de las mismas Organizaciones Internacionales. Efectivamente, si no es lícito repeler la agresión, pero sí perpetrarla, entonces no hay derecho de autodeterminación sino monopolio imperialista de la violencia:

"Artículo 51. Nada en la presente Carta perjudicará el derecho inherente de legítima defensa individual o colectiva si se produce un ataque armado contra un miembro de las Naciones Unidas, hasta que el Consejo de Seguridad haya tomado las medidas necesarias para mantener la paz y la seguridad internacionales." (Carta de las Naciones Unidas; 1945.)

Defectivo y precario de hecho, el derecho de auto-determinación es inseparable del derecho inherente de legítima defensa, e incluye el derecho de integridad e independencia de los Estados constituidos por el derecho de autodeterminación. (Derechos de autodeterminación y de legítima defensa son inseparables: un derecho sin defensa no es un derecho.) Todos los Pueblos: dependientes e independientes, afirman sus derechos inherentes de autodeterminación y de legítima defensa contra la agresión, el sojuzgamiento, la ocupación y la colonización imperialistas. Por su parte, la Asamblea General de las Naciones Unidas lo ha reconocido en numerosas Resoluciones:

"La Asamblea General, [...], 2. *Reafirma* igualmente la legitimidad de la lucha de los pueblos por librarse de la dominación colonial extranjera y el sojuzgamiento foráneo por todos los medios posibles, incluida la lucha armada; 3. *Insta* a todos los Estados a que, de conformidad con la Carta de las Naciones Unidas y con las resoluciones pertinentes de la Organización de las Naciones Unidas, reconozcan el derecho de todos los pueblos a la libre determinación e independencia, y ofrezcan ayuda moral, material y de otra índole a todos los pueblos que luchan por el pleno ejercicio de su derecho inalienable a la libre determinación e independencia; [...]; 6. *Condena* a todos los Gobiernos que no reconocen el derecho a la libre determinación e independencia de los pueblos," etc. [UNGAR 3070 (1973)]

"La Asamblea General, [...], *Reafirmando* que la continuación del colonialismo en todas sus formas y manifestaciones, como se señaló en la resolución 2621 (XXV) de 12 Octubre 1970 de la Asamblea General, es un crimen y que los pueblos coloniales tienen el derecho inherente a luchar por todos los medios necesarios a su alcance contra las Potencias coloniales y la dominación foránea en el ejercicio de su derecho de autodeterminación reconocido en la Carta de las Naciones Unidas y en la Declaración sobre los Principios de Derecho Internacional referentes a las Relaciones Amistosas y a la Co-operación entre los Estados, de conformidad con la Carta de las Naciones Unidas," [...], *Proclama solemnemente* los siguientes principios básicos del status jurídico de los combatientes que luchan contra la dominación colonial y foránea y contra los regímenes racistas, sin perjuicio de su elabora-

140

ción más detallada en el futuro en el marco del desarrollo del Derecho Internacional aplicable a la protección de los derechos humanos en los conflictos armados" etc. [UNGAR 3103 (1973)]

"La Asamblea General, [...], *Reafirmando* la importancia de la realización universal del derecho de los pueblos a la autodeterminación, a la soberanía nacional y a la integridad territorial, y de la rápida concesión de la independencia a los países y pueblos coloniales como imperativos para el pleno disfrute de todos los derechos humanos, [...], 1. *Insta* a todos los Estados a cumplir plena y fielmente las resoluciones de las Naciones Unidas relativas al ejercicio del derecho a la libre determinación por los pueblos bajo dominación colonial y extranjera; 2. *Reafirma* la legitimidad de la lucha de los Pueblos por la independencia, la integridad territorial, la unidad nacional y la liberación de la dominación colonial y extranjera y de la ocupación foránea por todos los medios a su alcance, especialmente la lucha armada;" etc. [UNGAR 33/24 (1978)] Y "por todos los medios a su alcance, incluida la lucha armada;" [UNGAR 35/35 (1980)]. Etc.

La legítima defensa: individual o colectiva, ES UN DERECHO ABSOLUTO E INCONDICIONAL frente a la agresión. Cuando los Pueblos y sus legítimos Estados actúan en su propia defensa y en resistencia contra la agresión imperialista, para lo cual están plenamente legitimados, la determinación de los medios de lucha de los *"luchadores por la libertad/freedom fighters"* es una mera cuestión de estrategia, conveniencia o eficacia, no de moral ni de supuestos "derechos humanos" en versión imperialista. En cuanto tales, los imperialistas no tienen derechos; y el imperialismo y sus agentes pueden ser atacados por todos los medios que un Pueblo sojuzgado tiene a su alcance, en uso de su derecho de legítima defensa. Todas las consecuencias ocasionadas por la defensa o la resistencia de los Pueblos sojuzgados frente a la agresión del imperialismo, son imputables a éste como la causa primera, eminente y eficiente de toda la violencia posterior que él es, y que él constituye por su esencia y por su sola existencia.

La Democracia es el poder político del Pueblo, y se funda en la vigencia y el respeto de los DDHH. Los derechos humanos fundamentales no son producto de la democracia, son su fundamento: sin DDHH, no hay Democracia. No es la Democracia la que funda o permite los DDHH; son éstos los que fundan, permiten y constituyen la Democracia, la cual no existe sino por el respeto y la vigencia de ellos y a consecuencia de ellos, y ante todo por la vigencia de la Autodeterminación o Independencia de los Pueblos. Los regímenes que, carentes en origen de esta condición, se pretenden "democráticos" simplemente porque han establecido procedimientos de "votaciones y elecciones libres", incorporan gravísimas taras estructurales y finalmente proporcionan la coartada "democrática" para otros regímenes políticos totalitarios, imperialistas y fascistas, en los que esos procedimientos son sólo falsificación e impostura.

"Sostenemos que estas verdades son evidentes por sí mismas: que todos los hombres son creados iguales; que son dotados por su Creador de ciertos Derechos inalienables; que entre éstos están la Vida, la Libertad y la Búsqueda de la Felicidad. Que para asegurar estos derechos, son instituidos Gobiernos entre los Hombres, cuyos justos poderes derivan del consentimiento de los gobernados." Etc.

En efecto, una vez que un determinado poder político ha quedado establecido al margen de los DDHH, y sobre esa base despótica, pueden a continuación establecerse – mediante el procedimiento formal e integrado de "votos y mayorías" – tantos sistemas diversos y contradictorios como rectas pueden hacerse pasar por un punto. Se puede, sobre todo, construir los sistemas totalitarios más antidemocráticos que cabe concebir. El genocidio de Pueblos indígenas, el nuevo genocidio de otros Pueblos: arrancados de sus Países y familias como si fueran ganado para ser esclavizados y llevados a otros Continentes en sustitución de aquéllos, el tráfico de esclavos y el modo de producción esclavista, el imperialismo y el fascismo – al igual que el asesinato, el canibalismo, el secuestro (legal) o la violación de menores (y de mayores) – son perfectamente compatibles con "las elecciones, el sufragio universal, y la ley de la mayoría" totalitarios, y con su consiguiente "democracia".

La Democracia – lo hemos visto – no consiste en "la decisión de la mayoría": un mecanismo secundario y derivado de aquélla, que el Totalitarismo moderno finalmente ha aceptado y a continuación recuperado en su propio beneficio – hasta hacerlo inocuo para él – mediante sus monopolios políticos y mediáticos de condicionamiento e intoxicación ideológicos de masas. No consiste tampoco en "el respeto a las leyes" del derecho positivo de un Estado, lo cual es absurdo puesto que éstas pueden ser – y de hecho con demasiada frecuencia son – inicuas: "No olvidemos nunca que todo lo que Hitler hizo en Alemania [o Stalin en la URSS] era legal." (Martin Luther King.) Como lo era la esclavitud en los USA, cuyo actual Presidente reconoce aún hoy en día que "la Democracia es frágil". Una vez más: la Democracia consiste en el respeto de los DDHH. No hay Democracia, sino Imperialismo y Fascismo, allí donde se niega la Autodeterminación de los Pueblos: primero de los derechos humanos fundamentales y condición previa de todos ellos.

"Piedra angular de la Democracia", el reconocimiento – *no constitución* – del derecho de libre disposición o autodeterminación de todos los Pueblos se ha realizado en el Artículo 1 de la Carta fundacional de "Nosotros, los Pueblos de las Naciones Unidas". Del mismo modo, él ha quedado establecido en numerosas y relevantes Resoluciones de su Asamblea General como el primero de los DDHH y "la condición indispensable para el pleno disfrute de todos los derechos humanos fundamentales". [UNGAR 637 (1952)]

Igualmente, la aplicación práctica del derecho de autodeterminación de todos los Pueblos como necesidad "de alcanzar la plenitud del gobierno propio" [*'the attainment of a full measure of self-government'*, en el texto original en Inglés] ha sido también tempranamente definida que "es primordialmente por medio del logro de la independencia" [*'is primarily through the attainment of independence'*]. [UNGAR 742 (1953)] Todo ello implica así mismo el reconocimiento de un hecho sociológico decisivo e innegable, a saber: los Pueblos preceden políticamente y constituyen jurídicamente los Estados y los Gobiernos, no a la inversa.

A partir de ahí, el Derecho Internacional General de las Naciones Unidas ha reconocido el derecho de autogobierno *('self-government')*, independencia, libre disposición o autodeterminación de todos los Pueblos como una norma imperativa o perentoria universal *('ius cogens')* que se establece como una obligación para todos los sujetos *('erga omnes')*; que precede, preside y subordina cualquier derecho positivo interno de los Estados; que está por encima de sus Tratados inter-nacionales; y que otorga a todos los Estados fundados sobre esa norma el derecho y el interés legal de vindicarlo: todos los sujetos que directa o indirectamente son atacados en ese derecho están habilitados por la Ley Internacional para oponerse a su violación *('actio popularis')*.

Al igual que todos los Pueblos del Mundo, el Pueblo Vasco/Euskal Herria posee su propio, originario, inherente, inalienable e imprescriptible derecho internacional de autodeterminación, libre disposición o independencia: un derecho fundamental que todos los Pueblos sojuzgados detentan frente a cualquier agresión/dominación imperialista-colonialista. Por tanto, frente a la actual dominación del Pueblo Vasco por España y Francia junto con sus aliados político-religiosos, y frente al criminal e ilegal régimen fascista de ocupación militar impuesto por esas Potencias, afirmamos en primer lugar el derecho de autodeterminación o independencia del Pueblo Vasco, cuyo ejercicio implica como condición indispensable la PREVIA EVACUACIÓN INCONDICIONAL E INMEDIATA de todas las fuerzas de ocupación militar y de todo el aparato de sojuzgamiento imperial-colonialista de las mencionadas Potencias fuera de los Territorios históricos del Pueblo Vasco.

Esta exigencia de evacuación de las fuerzas de ocupación del imperialismo constituye el ineludible PUNTO DE PARTIDA para toda oposición realmente democrática: ya sea indígena o metropolitana. Quienes rechazan esta exigencia primordial pasan a ser forzosa y necesariamente Nacional-Imperialistas: Nacionalistas, Colonialistas y Fas-

144

cistas. Y ello tanto si son Imperial-Colonialistas foráneos, o Renegados-Colaboracionistas autóctonos; como si lo muestran abiertamente como buenos Fascistas Nacionales, o encubiertamente como buenos Nacional-socialistas.

2- AFIRMACIÓN DE LA CONTINUIDAD DEL REINO DE NABARRA: EL ESTADO DE LOS VASCOS

"La situación actual del Pueblo Vasco en sus Territorios ocupados es el resultado de un largo proceso histórico de resistencia al Imperialismo a través de sucesivas constelaciones estratégicas, y de su reducción paulatina". (Iñaki Aginaga.)

El Pueblo Eúskaro: a lo largo de su historia y para su propia legítima defensa frente a la agresión terrorista del Imperialismo, ha constituido diferentes estructuras político-estratégicas o Estados, siendo el Ducado de Vasconia/Wasconia el primero históricamente documentado desde el inicio del siglo VII. Este Estado derivó hacia el año 660 en una unión personal con el de Aquitania para formar el Ducado de Vasconia-Aquitania, cuyas fuerzas combinadas derrotaron en la Batalla de Tolosa (721) a los invasores Musulmanes en la que posiblemente fue la primera derrota del expansionismo Omeya a escala global, y ciertamente la primera en Europa.

Desbordado aquel Estado por las agresiones de los Bárbaros invasores Francos, la Resistencia nacional de nuestros antepasados se replegó hacia el sur en su refugio de los Pirineos occidentales. Y así, tras las victorias de los Vascones en las batallas de Roncesvalles (Orreaga/Errozabal) frente a las nuevas agresiones de los Francos: en el año 778 frente a la agresión del Rey Carlos I (quien después sería llamado 'Carlomagno'), y en el 824 frente a su hijo y sucesor el Emperador Luis I 'el Piadoso', como resultado de ello, nuestro Pueblo constituyó a finales del siglo VIII – o, como muy tarde, principios del IX – el Reino de Pamplona: voluntaria y pacíficamente integrado como una confederación de repúblicas, condados y señoríos Vascónicos que englobaba todos sus Territorios históricos, libremente reunidos en torno a aquel "reino de los Vascones/Vascos".

Las victorias de la coalición de Vascones en Orreaga/Errozabal tuvieron: para la causa de la libertad y el poder del Pueblo (= *demo-kratia*), la misma significación e importancia que tuvieron las victorias de la coalición de Helenos sobre el imperialismo de los Persas Darío I 'el Grande' y su hijo Jerjes I 'el Grande' en Maratón y Platea.

No era cosa fácil mantener y cultivar relaciones estables con aquellos vecinos; pero, tras haber mantenido su independencia frente a las agresiones de los Francos y los Godos-Hispanos, aquel Reino de los Vascones: el Reino de Pamplona, fue internacionalmente reconocido como un actor político internacional de pleno derecho en la Dieta Imperial *[Reichstag]* de *Tribur* del año 887: cumbre política internacional del momento en la que, tras deponer al último emperador Carolingio, Carlos III 'el Gordo', se acordó la abolición definitiva del Imperio Carolingio, y donde los escasos Estados continentales de la Europa Occidental de aquella época formalizaron su mutuo reconocimiento. Los Vascones asistían a la desaparición de un nuevo "Imperio universal", al que ellos habían derrotado.

El Reino de Nabarra: sucesor del Reino de Pamplona desde 1162, sigue siendo actualmente el único Estado del Pueblo Vasco, al que jamás ha renunciado ni ha reconocido nunca ningún otro. Las agresiones, los desmembramientos y las anexiones realizados por el Nacionalismo imperialista y colonialista de Españoles y Franceses contra nuestro Pueblo y Estado son actos criminales y nulos de pleno derecho. Por tanto, afirmamos también el principio de la *restauración*, continuidad, integridad, vigencia y actualidad de nuestro Estado, el Reino de Nabarra.

Ni que decir tiene, reivindicar la restauración y continuidad del Reino de Nabarra no significa en absoluto reivindicar la restauración y continuidad de la monarquía, la cual no existe en nuestro Reino tras haber quedado automáticamente depuesta cuando los reyes de Nabarra cometieron las mencionadas traiciones a las leyes constitucionales del Reino con el Edicto de Unión (1620) y el Tratado de los Pirineos (1659). Un Estado es la persona jurídica de máximo rango en el derecho internacional, y permanece vigente a pesar de las agresiones: criminales y nulas de pleno derecho. Por tanto, el Estado de Nabarra permanece como un Reino sin monarcas; pero la Jefatura del Estado puede estar perfectamente representada por una Institución – por supuesto electiva e incluso colectiva – tal como una Cancillería etc.

La eventual decisión sobre el cambio en la forma y denominación oficiales de nuestro Estado podrá tomarse, en su caso, una vez que nuestra independencia sea ya efectiva y esa decisión pueda ser adoptada libremente y en forma legal por los Estados Generales de nuestro Estado, tras la expulsión de todos los ejércitos extranjeros de ocupación militar fuera de nuestros Territorios. Hasta entonces, la afirmación de la continuidad de nuestro Estado: el Reino de Nabarra, constituye una simple cuestión de orden estratégico y práctico.

"[...] 2. 'Ningún Estado independiente, grande o pequeño, deberá quedar sujeto bajo el dominio de otro Estado por herencia, intercambio, compra o donación.' [¡Y mucho menos por agresión y ocupación militar!"

"Un Estado no es, como el suelo que él ocupa, una propiedad ('*patrimonium*'). Es una sociedad humana a la que nadie más tiene derecho a mandar o disponer excepto el propio Estado. Es un tronco con sus propias raíces. Pero incorporarlo dentro de otro Estado, como si fuera un injerto, es destruir su existencia como persona moral, reduciéndola a una cosa; tal incorporación así pues contradice la idea de su contrato original [fundacional], sin el cual no puede concebirse ningún derecho sobre un Pueblo." (Immanuel Kant; *'Zum ewigen Frieden. Ein philosophischer Entwurf'* [Sobre la Paz perpetua. Un bosquejo filosófico], 1795.)

"Contra lo que los 'moderados y radicales' armados o desarmados de la burocracia liquidacionista Pnv-Eta pretenden hacer creer, los Pueblos débiles o debilitados que no reivindican y defienden su derecho a la Patria y el territorio propios, y que olvidan su dignidad y esconden su identidad como una tara inconfesable, no obtienen el interés, ni el respeto, ni menos aún la adhesión o la incorporación de nadie. Sólo consiguen, por el contrario, el desprecio de todos: exasperan la violencia represiva de las fuerzas de ocupación; movilizan, reorganizan y radicalizan la población de Colonos de las Potencias ocupantes; y potencian el número y la acción de los Renegados. Todos ellos: apoyados sobre la Metrópolis imperial de la que son avanzada y punta de lanza, forman y afirman su capacidad, su derecho y su voluntad de imponer su propia ley y su propia identidad nacional en los Territorios ocupados de los Pueblos autóctonos, hasta conseguir su liquidación final. Son éstos, Pueblos a quienes ellos desprecian y ven como desgraciados infra-humanos: demasiado endebles y demasiado tontos – según secretamente creen con racista arrogancia – como para merecer otra cosa que ser echados al agua.

"Una estrategia política de liberación nacional frente al imperialismo no se funda en el reconocimiento de nadie; es el reconocimiento de otros el que se funda en y es consecuencia de una estrategia y unas instituciones nacionales y estatales efectivas. Pero un Pueblo que se reconoce inexistente o inferior no es – o no es ya completamente – un Pueblo. Es juguete y víctima segura de sus predadores, a los que ni siquiera reconoce como tales: más fuertes, mejor armados y bien determinados, por su parte, a acabar con él. Ahora bien, no puede esperar el reconocimiento de nadie el Pueblo que no se reconoce a sí mismo en su propia sociología y en su propia historia. Incapaz – a partir de esa actitud

– de acceder a las relaciones internacionales con estrategia e institución estatal propias, ese Pueblo ha perdido ya su propia estima y la de los demás. Una Nación que no sólo es incapaz de re-fundar o restaurar su propio Estado –históricamente reconocido durante mil años– sino que lo ignora y/o desprecia, no obtendrá nunca el respeto de los demás auto-proclamados, recientes y discutidos nuevos Estados. No lo obtendrá nunca de las 'grandes' Naciones; menos todavía de otras tan débiles como ella misma.

"Los Pueblos que no construyen, no preservan o – si ya existe – no restauran su propio Estado, no existen para la 'comunidad internacional' de los Estados dominantes; son impostores, 'débiles mentales', o delincuentes nacionales e internacionales. 'Un Pueblo que a estas alturas de la Historia no tiene todavía su propio Estado, no merece que perdamos el tiempo hablando de él.' Lo único decente que puede hacer – parecen decir otros de entre esa 'respetable comunidad' – es desaparecer, para no complicarle las cosas a Engels o hacerle perder el tiempo a Hegel." (Publicaciones Iparla.)

Así pues, junto con la afirmación del mencionado derecho de independencia o autodeterminación del Pueblo Vasco, la afirmación de la restauración, continuidad, integridad, vigencia y actualidad de su Estado histórico: el Reino de Nabarra, integra la estrategia para la restauración de nuestra libertad nacional, que se mantiene y renueva en el Espíritu de la Defensa de Amaiur.

CONCLUSIÓN

La reciente agresión de una "gran" Potencia contra la independencia e integridad del heroico Pueblo Ucraniano y de su Estado ha vuelto a poner "de actualidad" una atroz realidad, a saber: la persistencia del imperialismo en el mundo. Una calamidad, un problema perenne de la existencia humana que – según hemos señalado también en este trabajo – pone actualmente a toda la Humanidad al borde de su destrucción, pero cuya percepción totalizante, explicación y sobre todo prevención, la clase política de los "civilizados" Estados imperialistas en su conjunto y sus "intelectuales" banalizan y tratan de impedir, ocultándola a la opinión pública con el objeto de continuar sometiendo a los Pueblos que ellos consideran más débiles y dominándolos para favorecer el crecimiento de su propio poder. Al hacerlo así, "ignoran" cínicamente que el Imperialismo significa crímenes de guerra, crímenes contra la paz y la seguridad de los Pueblos y de sus legítimos Estados, y crímenes contra la Humanidad.

Todo esto es incompatible con la existencia de una sociedad humana auténticamente civilizada (cuya etimología alude a 'civis', ciudadano, y a 'civitas', ciudad, Estado [conjunto de ciudadanos]), cuando ocurre que las agresiones del imperialismo consisten ya – muy especialmente y desde el principio – en el bombardeo de ciudades, hospitales, maternidades y de la población civil. Ahora bien, no es posible desterrar el Imperialismo del mundo si no se establece un gran consenso para castigar adecuadamente a los asesinos de masas que se hacen llamar "políticos" y que están dispuestos a llevarlo adelante; y sobre todo, si no se introduce en las mentes y los corazones de los seres humanos la idea de que la democracia y su sistema político consisten *necesariamente* (frente al despotismo totalitario y el suyo) en el principio fundamental que establece la vigencia y el respeto de los derechos humanos fundamentales, y ante todo del que es el primero y la condición previa de todos ellos: el derecho de libre disposición, autodeterminación o independencia de todos los Pueblos, y de independencia e integridad de sus Estados legítimamente constituidos sobre ese principio.

En estas circunstancias, y por lo que a nosotros los Vascos respecta, es preciso denunciar con toda contundencia a la burocracia liquidacionista Pnv-Eta, así como a sus satélites y asociaciones "sociales y culturales" auxiliares que le dan cobertura y evitan ante todo denunciarla. Porque, por desgracia, todos ellos son pretendida y falsamente abertzale que desde 1977-1979, durante casi cuarenta y cinco años ya, están banalizando, ocultando y negando el Imperialismo franco-español sobre el Pueblo Vasco y su Estado, al reconocer a los Estados ocupantes: el "Reino de España" y la "República francesa", y a sus criminales, imperialistas, colonialistas y fascistas regímenes totalitarios de ocupación militar, como los regímenes y "los Estados" propios, no-Nacionalistas, no-violentos, legítimos y democráticos.

El Pueblo Vasco está perdido si no es capaz de comprender que esas burocracias y sus auxiliares indígenas constituyen desde hace casi medio siglo una trampa mortal, puesto que son el disfraz y el sostén locales que hacen posible la continuidad de ese régimen franco-español de ocupación militar al que todos ellos llaman "democracia" etc.; y que la primera tarea para su propia liberación consiste en desembarazarse de dichas burocracias de traidores y/o alienados mentales.

A la vista de todo ello, el Movimiento Vasco de Resistencia y Salvación Nacional hace un llamamiento al Pueblo Vasco para que denuncie, desenmascare y repudie a estas burocracias de políticos traidores e impostores: agentes del régimen franco-español de ocupación militar, cuya vida está dedicada – como su única profesión, cualificación y aspiración – a conseguir ser pagados con cargo a los presupuestos generales de los Estados ocupantes, por tanto con los impuestos de nuestro Pueblo, a cambio de traicionarlo e integrarlo en esos Estados totalitarios de España y de Francia; y que, presentándose como "vascos y vascas abertzale", reconocen desde hace casi medio siglo ya como democrático el imperialismo franco-español sobre nuestro Pueblo y su Estado, el Reino de Nabarra.

Para poder afrontar esta tarea, lo invitamos a unirse a la Resistencia en torno a los dos principios estratégicos fundamentales expuestos, que son los únicos que pueden hacer posible nuestra unidad nacional orientada a liberarnos de la dominación del imperialismo y el fascismo franco-español. De forma resumida, estos principios son:

1/ Afirmación del derecho internacional de autodeterminación o independencia del Pueblo Vasco: primero de los derechos humanos fundamentales y condición previa de todos ellos, cuyo corolario y aplicación práctica consisten, como requisito ineludible para su realización, en la exigencia de evacuación incondicional e inmediata de todas las fuerzas de ocupación y de todo el aparato de sojuzgamiento imperial-colonialista de las Potencias ocupantes, España y Francia, FUERA de los Territorios históricos del Pueblo Vasco; y

2/ Afirmación de la vigencia, continuidad y actualidad de nuestro Estado propio: el Reino de Nabarra, el cual sigue siendo el único Estado del Pueblo Vasco, al que jamás ha renunciado ni ha admitido ni reconocido nunca ningún otro.

La necesaria consecuencia de todo ello implica los correlativos NO-RECONOCIMIENTO –*'de facto'* y *'de jure'* – de los Estados ocupantes: el "Reino de España" y la "República francesa", así como LA DENUNCIA constante e incesante de ellos, de sus regímenes de ocupación militar, y de sus instituciones y monopolios jurídicos ("parlamentos"), como criminales, totalitarios, imperialistas, colonialistas y fascistas. Todo ello constituye el evidente e inevitable corolario de nuestras posiciones; cuya implementación en la práctica nos pone sobre el camino hacia la restauración de nuestras propias Instituciones, y de la Libertad y la Democracia de la Nación Vasca.

Simultáneamente, es preciso mantener un boycott total a toda colaboración con quienes en la teoría o en la práctica rechazan uno o ambos principios fundamentales arriba mencionados, puesto que objetivamente forman parte del imperialismo; especialmente los Nacional-socialistas y Nacional-comunistas españoles y franceses: social-imperialistas de todo pelaje que, disfrazados de "progres, socialistas, comunistas" etc. (en cualquiera de sus desdoblamientos o hijuelas), no denuncian – o sea, apoyan – el régimen fascista franco-español de ocupación militar. Como es incuestionable, quienes entre nosotros – sean cuales sean su origen, apellidos y pretendida ideología – rechazan asumir total o parcialmente esos principios, quedan absolutamente desenmascarados como los imperialistas y fascistas que son: partidarios de que continúe la ocupación militar imperialista de nuestro País y de nuestro Estado por los Estados de España y de Francia. Ahora bien, ¿qué colaboración puede haber con estos agentes? ¿Puede alguien honesta y cuerdamente creer que es posible hacer una política anti-imperialista con el concurso de imperialistas y fascistas? Está claro que no.

En consecuencia, mientras los Estados imperialistas de la "República francesa" y el "Reino de España" no retiran de nuestro País sus fuerzas de ocupación (dado que ellas *constituyen* el elemento esencial y fundamental de su dispositivo estratégico de dominación, sin el cual todo su sistema se desploma), y puesto que no es posible hacer una política anti-imperialista junto con los quinta-columnistas y agentes al servicio del imperialismo infiltrados entre el Pueblo sojuzgado, es preciso mantener un BOYCOTT TOTAL:

– a toda colaboración con quienes, por rechazar en la teoría o en la práctica uno o ambos principios fundamentales citados, forman objetivamente – algunos incluso de forma subjetiva y confesa – parte del imperialismo; y

– a toda participación: tanto en las instituciones del régimen imperialista-colonialista franco-español y especialmente en sus monopolios jurídicos o "parlamentos" (Parlamento francés y Cortes Generales españolas, establecidos a lo largo de los siglos mediante el monopolio de la Violencia criminal y el Terror de guerra y de Estado, e incontables, horrendos e imprescriptibles crímenes constitutivos), así como en sus "elecciones generales" totalitarias que "legitiman" todo ello.

¡REINO DE NABARRA: EL ESTADO DEL PUEBLO VASCO/EUSKAL HERRIA!

¡Ejército de ocupación ni con música!

¡España ni con república!

¡Francia ni con monarquía!

ALDE HEMENDIK!

¡¡¡VIVA EL PUEBLO VAS-
CO LIBRE!!!

GORA EUSKAL HERRI ASKEA!!!

BIBLIOGRAFÍA

Axular; *'Gero'*, 1643.

Antonio de Nebrija; *'Grammatica Antonii Nebrissensis'*, 1492.

J. J. Rousseau; *'Du Contrat Social; o, Principes du Droit Politique'*, 1762.

Reinhold Niebuhr; *'The Irony of American History'*, 1952.

G. Lukács; *'Historia y consciencia de clase'*, 1923.

Codex Calixtinus, 1140-1160.

Tercer Concilio de Letrán, Canon 27; Roma, 1179.

José Antonio de Agirre, carta a Ceferino *'Keperin'* de Jemein; 30 IX 1946. Documento publicado por el burukide jeltzale Iñaki Anasagasti en su blog el 16-Mayo-2011.

Simone Weil; *'L'Enracinement'*, 1949.

Max Weber; *'El político y el científico'*, 1919.

Ferdinand Lassalle; *'Sobre la Esencia de las Constituciones'*, 1862.

Yevgeni Zamiatin; *'Nosotros'*, 1921.

John Kenneth Galbraith; *'Economic development'*, Harvard Un. Press, 1965.

Friedrich Engels, carta a Karl Kautsky; Londres, 7-Febrero-1882.

Sigmund Freud; *'Consideraciones actuales sobre la guerra y la muerte'*, 1915.

V. Lenin; *'El derecho de las Naciones a la Autodeterminación'*, 1914.

W. Shakespeare, obras históricas.

K. Marx, carta a F. Engels, 11-Diciembre-1869.

L. Trotsky; *'Dictatorship vs Democracy'*, 1920.

John Adams; de su carta a Thomas Jefferson, 2-Febrero-1816.

F. de Vitoria; *'Relectio prior de Indis recenter inventis'*, 1538-9.

Tarsicio de Azcona; *'Las bulas del papa Julio II...'*, 2013.

A. Segretain; *'Sixte-Quint et Henri IV – Introduction du Protestantisme en France'*, Paris 1861.

J I Tellechea I; *'La absolución de herejía de Enrique IV Francia por Clemente VIII'*, 2001.

V. Lenin; *'El Estado y la Revolución'*, 1917.

Yves Person; *'Impérialisme linguistique et colonialisme'*, Les Temps modernes, 1973.

B. Spinoza; *'Un Tratado Teológico-Político'*, 1670.

Immanuel Kant; *'Zum ewigen Frieden. Ein philosophischer Entwurf'*, 1795.

Iñaki Aginaga y Felipe Campo; *'Euskal Herria y el Reino de Nabarra: el Pueblo Vasco y su Estado, frente al imperialismo franco-español'*, y trabajos inéditos de Publicaciones Iparla.

Carta de la Organización de Naciones Unidas y Resoluciones de su Asamblea General.